LA TÉCNICA ALEXANDER

Amat Editorial, sello editorial especializado en la publicación de temas que ayudan a que tu vida sea cada día mejor. Con más de 400 títulos en catálogo, ofrece respuestas y soluciones en las temáticas:

- Educación y familia.
- Alimentación y nutrición.
- Salud y bienestar.
- Desarrollo y superación personal.
- Amor y pareja.
- Deporte, fitness y tiempo libre.
- Mente, cuerpo y espíritu.

E-books:
Todos los títulos disponibles en formato digital están en todas las plataformas del mundo de distribución de e-books.

Manténgase informado:
Únase al grupo de personas interesadas en recibir, de forma totalmente gratuita, información periódica, newsletters de nuestras publicaciones y novedades a través del QR:

Dónde seguirnos:

 | @amateditorial

    | **Amat Editorial**

Nuestro servicio de atención al cliente:
Teléfono: **+34 934 109 793**

E-mail: **info@profiteditorial.com**

Jeremy Chance

LA TÉCNICA ALEXANDER

Las posturas del bienestar

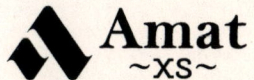

© Jeremy Chance, 1998, 2013
© Profit Editorial I., S.L., 2024
  Amat Editorial es un sello de Profit Editorial I., S.L.
  Travessera de Gràcia, 18-20; 6º 2ª; Barcelona 08021

Diseño de cubierta: XicArt
Maquetación: Eximpre, S.L.

ISBN: 978-84-19870-67-4
Depósito legal: B 8129-2024
Primera edición en Amat XS: Junio de 2024

Impresión: Gráficas Rey
Impreso en España - *Printed in Spain*

Índice

Prefacio

Los descubrimientos de Alexander son mi pasión; han formado parte de mi vida y de mi trabajo desde que tenía 20
años y mi intención es vivirlos y enseñarlos a los demás
hasta que me muera.

Alexander empezó su docencia en la década de los ochen-
ta en Australia; aun así, el impacto de su trabajo en la sociedad moderna es difícil de desentrañar. Actualmente, la
apasionada visión de Alexander de transformar la educación y la salud de la sociedad humana se ha extinguido,
dejando en su lugar una profesión que continúa siendo
algo experimental y con pocos seguidores.

Gran parte de los que realizan los tres años que dura la
formación[1] no seguirán formándose para tener una carrera
a la que dedicarse plenamente: les costará mucho encontrar alumnos. Otros deciden convertirlo en una afición;
otros piensan que es su vocación pero siguen con su tra-

---

1. Tres años es lo mínimo; ningún profesor sabe de verdad cómo enseñar la técnica hasta haber practicado muchos más años. En Japón, lo
mínimo que una persona tiene que estudiar antes de obtener el título
para enseñar en nuestra escuela son cuatro años. El coste ronda los
40.000 dólares, que es una cifra importante, pero que yo me compro-
meto a convertir en una carrera muy útil.

bajo habitual; otros la incluirán en su carrera original como si fueran artistas teatrales. En comparación con el número de gente que se ha formado, son muy pocos los que ejercen como profesionales de la enseñanza de la técnica. Después de más de 100 años, ¿es esto lo único que podemos dar? Para mí, es muy decepcionante.

Creo que algo falla en todo esto. Si los descubrimientos de Alexander son tan importantes, y personalmente yo los equiparo a los descubrimientos de Einstein y de Newton en cuanto a su impacto potencial para la humanidad, ¿por qué los de Alexander continúan sumidos en la oscuridad? ¿Por qué no se les da la importancia que se merecen en nuestra sociedad actual plagada de técnicas modernas sobre el cuerpo y la mente? Pilates, yoga, acupuntura, hipnoterapia, etc... ¿Por qué la mayoría de la gente ha oído hablar de estas técnicas, y en cambio la técnica fundada por Alexander, que Aldous Huxley describió como «el padre de las humanidades no verbales del mundo occidental», sigue siendo tan poco conocida?

En mi opinión, la respuesta está contenida en una pregunta que ha nacido en el siglo XXI y que está empezando a popularizarse a través de las revistas científicas modernas: ¿qué es la conciencia humana? Existe en la actualidad un conjunto de disciplinas científicas[2] que tienen como denominador común el ser «ciencias cognitivas» y que están empezando a poner en duda la tradicional visión materialista del mundo al formular preguntas difíciles y actualmente sin respuesta sobre la verdadera naturaleza de la conciencia humana.

Si en el siglo XX el interés estaba en descubrir la naturaleza de la materia; creo que en el siglo XXI el interés estará en

---

2. Entre estas disciplinas podemos citar las neurociencias, los filósofos de la mente, los psicólogos y los ingenieros robóticos. Para más información sobre este tema visite www.alexanderscience.org.

descubrir la naturaleza de la conciencia humana. Pero esto es un problema científico totalmente diferente cuya exploración requerirá una metodología también diferente. La idea de que el conocimiento existe independientemente de la persona que lo posea, que es la que prevalece en el sistema de investigación y educación actual,[3] está por fin a punto de ser desafiada por la ciencia.

Todo empieza por el descubrimiento reciente que ha hecho la medicina, que confirma que nuestra mente, de una forma misteriosa e inexplicable, tiene el poder de influir en la salud del cuerpo: a través de la oración, de la meditación o del simple pensamiento.

En 1967, la Harvard Medical School empezó a realizar experimentos para determinar los efectos de la meditación en nuestro bienestar y, desde entonces, ha ido evolucionando la teoría de la «respuesta de la relajación» como contrapartida a la respuesta «pelea o huye» que teníamos aprendida para enfrentarnos al estrés. El mecanismo es algo que sigue sin tener explicación, pero el que sigue alguno de estos procedimientos sabe que la relajación funciona. Aquellos que están familiarizados con los trabajos de Alexander, ¡saben perfectamente de qué estoy hablando!

Los trabajos de Alexander se sitúan dentro de este grupo de disciplinas científicas emergentes que trabajan para dar credibilidad a toda una serie de estudios científicos descartados hasta ahora por ser «imprecisos y poco exigentes» en comparación con las ciencias «exactas» que

---

3. Existe una interesante discusión de Alexander en MSI (Man's Supreme Inheritance) «*Conscious Constructive Control of the Individual*» en la que culpa a la metodología de la ciencia de no incluir la conciencia del sujeto experimentado. De esta manera, anticipaba la afirmación científica cognitiva, propuesta por Varella por primera vez, de que el estado de la persona que realiza un experimento afecta significativamente al resultado del experimento.

exploran el mundo material. La Primera Guerra Mundial, con la devastación de una generación entera de hombres jóvenes y la destrucción de la ilusión de una civilización avanzada e inteligente, cortó de raíz el movimiento floreciente liderado por pensadores occidentales como William James y John Dewey y dio lugar a la era del conductismo, que empezó a rebatirse en la década de los cincuenta.[4] Es interesante que mientras los científicos empiezan a plantearse de nuevo estas cuestiones, ¡el nombre de Alexander sigue apareciendo en la literatura antigua![5]

Cualquier avance científico sobre el conocimiento de la realidad necesita una innovación de la observación, un instrumento nuevo a partir del cual ver el mundo de una manera diferente, para que así la información previamente recogida que no sea entendida coherentemente pueda ser reinterpretada dentro de un contexto totalmente nuevo. En ocasiones, esta innovación puede ser un objeto; por ejemplo, un telescopio; otras es una idea nueva; por ejemplo, que la tierra es redonda.

Los trabajos de Alexander ofrecen a los científicos este tipo de innovación en la observación. El mero descubrimiento de que existe una relación entre la cabeza y la columna, lo cual a su vez, integra otros sistemas corporales, es tan simple como sorprendente. Explica y organiza la información de una manera que antes no habría sido posible, ofreciendo un mecanismo nuevo desconocido hasta

---

4. *Véase* «Cognition: A Western Perspective» del profesor Howard E. Gardner en *MindScience*: *An East-West Dialogue* por el Dalai Lama, Herbert Benson, Robert A. F. Thurman, Howard E. Gardener, Daniel Goleman y los participantes en el Simposio Harvard Mind Science de Somerville, MA: Wisdom Publications, 1991.
5. Muchas de estas ideas fueron expresadas por primera vez por Rachel Zahn en su intervención en el VII Congreso Internacional de la Técnica Alexander en Oxford en 2004, resumidas en el artículo «Francisco Varela and the Gesture of Awareness» (disponible en httpp://alexandertechnique.com/ats/zahn.pdf).

ese momento para calibrar de una forma consistente y fiable nuestro estado mental y físico.

Los profesores de la técnica Alexander dedican todo su tiempo a explorar este simple descubrimiento: cómo afecta nuestro malestar y dolor físico a nuestra capacidad de respirar, de movernos, a nuestra relación con los demás, e incluso a nuestra capacidad de pensar. Las clases de Alexander demuestran que el origen de este mecanismo tan impresionante, que tiene un efecto global en cualquier aspecto de nuestra vida, reside en el campo de la conciencia humana y se origina en nuestra manera de pensar. ¿El pensamiento y la conciencia humana son algo material? Si no es así, ¿qué son exactamente? ¿Qué tipo de relación tiene este mecanismo de la conciencia con el mundo material que conocemos? Este es el tipo de preguntas que los científicos cognitivos están empezando a plantearse. En el fondo de estas preguntas existe una nueva premisa: nada existe independientemente de uno mismo. Aunque no lo creas, es una idea muy simple. Estoy seguro de que a ti, igual que a mí, nos han convencido de que hay cosas que existen y pueden medirse y entenderse de una manera objetiva, independientemente de tu propia conciencia subjetiva de esta percepción. Sin embargo, prácticamente todas las ciencias y estudios materialistas se basan en esta afirmación de que los fenómenos existen independientemente de la persona.

O por lo menos esto fue así hasta que el «principio de incertidumbre» de Heisenberg empezó a expandirse entre los pensadores más eruditos del momento. Este físico proponía la ridícula idea de que la persona que observaba un fenómeno afectaba a lo que estaba observando. ¿Qué pasó con la ciencia «objetiva», con su idea de que los absolutos existían de manera independiente? A partir de ese momento, esta visión del mundo empezó a tambalearse y, poco a poco, empezó a emerger otra para ocupar su lugar.

La metodología científica que estaba evolucionando para explorar esta visión, propuesta por primera vez por Varela, no está de acuerdo con la idea de que hay un «conocimiento objetivo» que puede descubrirse independientemente de la persona que lo descubre. Por el contrario esta nueva metodología afirma, que el sujeto, el experimentador y los resultados objetivos, que miden las ciencias exactas, tienen una relación relativa; por lo tanto, ningún resultado de un proceso experimental puede considerarse válido si no se han tenido en cuenta todos estos factores. Si nos paramos a pensar en esto, veremos que es una idea bastante radical.

Y, por si no lo sabías, esto es exactamente lo que ocurre en las clases de la técnica Alexander. Cada lección es un experimento sobre la conciencia humana aplicada al tema de la «coordinación» neuromuscular de tu sistema de realizar las «cosas». Y cuando me refiero a los términos «coordinación» y «cosas», me estoy refiriendo a ellas en el sentido más amplio: no a cómo te mueves de un punto A a un punto B, sino también a cómo solucionas los problemas, a cómo te relacionas con los demás, a cómo te enfrentas a una crisis, a cómo respiras, etc. En cada uno de estos ejemplos, hay «algo» que es el responsable de coordinar tu actividad. Este «algo» es tu conciencia humana, un fenómeno que se conoce muy poco pero que es el centro de todo lo que hacemos, aunque hasta el momento los estudios científicos convencionales no le hayan prestado demasiada atención. La conciencia humana es como la «anguila» de la ciencia moderna porque es omnipresente pero escurridiza cuando intentamos fijarnos en ella. A pesar de todo, las investigaciones de Alexander se centraron en la conciencia humana, que es el tema de cada una de sus clases, las cuales demuestran de manera concluyente que la manipulación cognitiva de este fenómeno energético puede producir resultados inmediatos sorprendentes.

Cuando recibas una lección de su técnica, descubrirás cosas nuevas impresionantes sobre la naturaleza de tu ser. Para ti, la información será específica, efectiva, original y totalmente revolucionaria.

1 Introducción

A pesar de que nuestra postura tiene unos efectos muy importantes y duraderos en nuestra salud, sabemos muy poco sobre nuestra coordinación. Ahora que estás leyendo esto, te pregunto: ¿Cuánto sabes sobre tu manera de sentarte o de estar de pie?, ¿sabes cómo lo haces?

Supongo que, a veces, eres consciente de algún dolor o molestia. Probablemente tengas alguna idea aprendida de lo que es «bueno» y «malo» de tu postura, pero seguro que no es demasiado profunda. Quizás conoces ejercicios o estiramientos que te ayudan a encontrarte mejor temporalmente pero que tienes que repetir constantemente. ¿Quieres encontrarte siempre mejor?

La técnica Alexander (TA) es la solución permanente y continua al problema de los dolores generados por una mala coordinación. Si quieres saber más sobre esto, estás leyendo el libro adecuado. Si sigues leyendo, es muy probable que tu vida cambie para siempre.

Cuando tenemos un problema serio, la mayoría de nosotros acudimos a alguien para que nos ayude. ¿Por qué? Porque la mayoría de nosotros no sabemos cómo dirigir inteligentemente nuestra postura para evitar el dolor. Acudimos a un traumatólogo, a un masajista o a alguien que nos pueda hacer acupuntura o *shiatsu*, pero todos estos remedios no suelen ser permanentes; a la larga casi siempre vuelven a aparecer.

Puede ser que vayas al gimnasio o hagas ejercicio regularmente y te sientas en forma. ¿Qué ocurre cuando estás demasiado ocupado, o cuando te haces mayor y dejas de hacer ejercicio? ¿Seguirás encontrándote bien y en forma cuando dejes el ejercicio físico?

La técnica Alexander te enseña un plan verdaderamente efectivo para dirigir tu coordinación. Se trata de un plan, único en el mundo, que aprovecha tu inteligencia para que entiendas y disfrutes de tus movimientos.

Si decides investigar las clases de la técnica Alexander estás en buena compañía. Algunos de los pensadores e iconos líderes del siglo pasado han estudiado las ideas de Alexander, empezando por George Bernard Shaw, el filósofo John Dewey o el escritor Aldous Huxley. ¿Has oído hablar de ellos? ¿Y qué me dices de Sting o Paul McCartney? Todos ellos se han beneficiado de estudiar los descubrimientos de Alexander. También el actor de cine Christopher Reeve, en su momento Superman, utilizó sus conocimientos de la técnica Alexander para transformar su cuerpo, del nervioso e inquieto Clark Kent al magnífico y atlético Superman. Es una bonita metáfora para el trabajo: ¡enseñar a la gente a ser superhombres o supermujeres!

Bromas aparte, los descubrimientos de Alexander te enseñan una manera de moverte coordinadamente que dura toda la vida; se trata de una educación, no de una terapia. Es una técnica que hace que seas tú el encargado de tu comodidad y relajación. Te enseña a hacer las cosas bien y de una manera eficiente. Es, en definitiva, una técnica que te aporta unos beneficios casi increíbles, si no fuera por el hecho de que estos cambios han sido descritos por miles de personas durante un siglo.

¿Demasiado bonito para ser cierto? ¿Creerías a un Premio Nobel de Medicina?

> «Desde mi experiencia personal puedo confirmar algunas de las afirmaciones aparentemente fantásticas hechas por Alexander y sus seguidores; por ejemplo, que muchos tipos de bajo rendimiento e incluso enfermedades pueden aliviarse, a veces hasta un grado sorprendente, enseñando a la musculatura corporal a funcionar de una manera diferente. He notado, con gran asombro, mejoras impresionantes en aspectos tan diversos como la presión alta, la respiración, el insomnio, la alegría en general, la viveza mental, la resiliencia contra las presiones externas, y en habilidades tan refinadas como tocar un instrumento musical (Tinbergen, 1973)».[6]

Seguro que ahora estás pensando, ¿pero de qué se trata esta técnica? Y la respuesta a esta pregunta es tan simple como sorprendente: el ser humano distorsiona el plan de coordinación de la naturaleza y por ello acaba autolesionándose.

El plan de coordinación de la naturaleza se refiere a:

1. Los movimientos de la cabeza gobiernan la coordinación vertebral.

2. La coordinación vertebral, a su vez, gobierna los movimientos de nuestras piernas y brazos.

Pero entonces...

3. Nosotros imponemos nuestro propio plan de coordinación, distorsionando el plan de la naturaleza, generando con ello hábitos insanos porque nos parece que nuestro propio plan incorrecto es el correcto.

---

6. Profesor N. Tinbergen (1907-1988); de su discurso en la entrega del Premio Nobel (1973).

4. Con el tiempo, nuestra coordinación distorsionada crea una serie de problemas físicos y mentales que bloquean nuestra mente.

En esto consiste básicamente. Tenemos que retornar al plan de coordinación de la naturaleza. Lo que aprenderás en una lección Alexander es cómo hacer «uso» de ti mismo, cómo coordinar tus movimientos corporales en tus quehaceres diarios. Y eso lo vamos a tratar en este libro.

2 La historia de Alexander

«...quizás mi experiencia sea reconocida algún día como una señal que dirige al explorador a un país todavía "sin descubrir", un país que ofrece una oportunidad ilimitada de investigación fructuosa para el pionero paciente y perspicaz».

F. M. ALEXANDER

Todo empezó cuando unos actores amigos suyos le comentaron por casualidad que le habían oído jadear durante sus actuaciones. Alexander se quedó avergonzado. Puesto que era un poco presumido, intentó a toda costa evitar este molesto hábito, tan común entre los recitadores de la era victoriana.

Pero las cosas fueron a peor. Poco a poco el problema fue empeorando hasta que en varias ocasiones llegó a perder la voz por completo en medio de un recital de Shakespeare. Desesperado, Alexander empezó a buscar ayuda por todas partes. Quizás si en 1800 hubiera estado en Londres y no en Australia, habría conocido a Fogarty (un famoso coach de oratoria de Londres) y actualmente no existiría la técnica Alexander. Por suerte para nosotros, Alexander estaba viviendo los avatares de un joven país emergente en el que cada uno se las apañaba como podía.

La Australia colonial de esa época estaba imbuida de un espíritu pionero de lucha que dirigía los primeros sentimientos de una nación independiente. En este contexto era posible descartar cualquier tradición y generar ideas revolucionarias, que fue lo que hizo Alexander, motivado por su determinación de convertirse en una estrella teatral de fama internacional. Tenía una fascinación apasionada por Shakespeare desde que un escocés, Robert Robertson (1854-1888), le mostrara por primera vez sus sonetos y sus obras cuando tenía diez años. El joven Frederik Matthias Alexander miraba desde el faro de Wynyard, la oscura casa donde había nacido en 1869, preguntándose cómo escapar de esa nostálgica ciudad que le había apodado «el loco Fred»: «¡Oh! ¡Quién tuviera una musa de fuego para escalar el cielo más resplandeciente de la invención...!»

Trabajó durante tres años, desde los dieciséis, en una mina de estaño en Tasmania, donde residía, hasta que sus ahorros le permitieron ir a la cosmopolita Melbourne, donde en pocos meses empezó su carrera de actor. Era un hombre muy dinámico y enseguida montó su propio grupo de teatro, tuvo varios trabajos, estudió viola y actuó. Empezó a hacerse famoso y a estar muy solicitado hasta que su problema con la respiración atrajo su atención. Poco después, empezó a quedarse afónico.

A pesar de su firme compromiso y ambición, ¿estaba la carrera floreciente de Alexander a punto de arruinarse por culpa de un problema intratable de pérdida de voz? Esta historia la cuenta el propio Alexander en el capítulo «Evolución de una técnica» de su mejor libro, *El uso de sí mismo*. Cuando estaba empezando este momento de crisis de su vida, escribió:

«El punto culminante vino cuando me ofrecieron un trabajo especialmente atractivo e importante y tuve francamente miedo de aceptarlo».

Siguió los consejos de un médico con la esperanza de salvar su carrera de actor:

«Al cabo de unos días me convencí de que la promesa del médico iba a cumplirse porque descubrí que usando mi voz lo menos posible iba perdiendo poco a poco la afonía. Cuando llegó la noche del recital, estaba prácticamente bien, pero antes de llegar a la mitad del programa, mi voz empezó a empeorar enormemente y al final de la actuación mi afonía era tan pronunciada que apenas podía hablar».

Un golpe de ingenio

Ahora llega la idea que elevaría a Alexander a ocupar su lugar entre los pensadores más profundos del siglo XX, aunque su idea fuera tan simple como chocante. Igual que Newton antes que él preguntara: «¿Por qué cae la manzana?», Alexander reflexionó sobre su problema y se preguntó «¿por qué cuando descanso mejora mi voz?».

«¿No sería más preciso, consultó a su médico, concluir que la causa del problema es algo que estoy haciendo al usar mi voz durante la actuación?».

¿Pero qué? El médico no lo sabía y así se lo dijo. También estaba de acuerdo con Alexander en que esa era una teoría razonable, una que Alexander enseguida se puso a comprobar comparando su coordinación cuando hablaba con la de cuando recitaba delante de un espejo (*véase* el apartado «Primer experimento: descubrir el movimiento hacia atrás y hacia abajo» del capítulo 6):

«Me quedé especialmente sorprendido por tres cosas que vi que hacía. Vi que en cuanto empezaba a recitar, tendía a echar hacia atrás la cabeza, a deprimir la laringe y a aspirar aire por la boca de una manera que producía un sonido jadeante».

Esto fue un descubrimiento alentador. Si hacía esto durante la recitación y podía dejar de hacerlo, ¿mejoraría entonces su voz? Entonces Alexander descubrió el primero de una larga serie de dilemas sorprendentes que prolongaron su periodo de investigación durante diez años, dedicando muchas horas al día a la autoobservación y exploración con el uso de varios espejos.

Un simple experimento

Para entender la dificultad inicial de Alexander, acepta este reto: intenta levantarte de una silla sin forzar el cuello o sin echar la cabeza hacia atrás. Lo conseguirás si deliberadamente echas la cabeza hacia delante, pero eso no cuenta, seguirás forzando el cuello. La clave está en no hacer nada nuevo; se trata de dejar de hacer algo que estás haciendo que es tensar el cuello y echar la cabeza un poco hacia atrás. Inténtalo y verás como sí que lo haces. Si haces este experimento honestamente, descubrirás exactamente lo que descubrió Alexander: no puedes hacerlo. O por lo menos eso parece. En el caso de Alexander, por mucho que lo pensara y por mucho que lo intentara, no conseguía evitar tensar el cuello y echar la cabeza hacia atrás. ¿Qué podía hacer al respecto?

De una manera o de otra, todos nos hemos enfrentado a este tipo de dificultad. Queremos hacer dieta, dejar de beber o de comer chocolate, pero a pesar de nuestras buenas intenciones, nosotros, igual que Alexander, seguimos haciendo lo contrario a lo que creemos que debemos hacer. A Alexander le gustaba citar la observación del apóstol san Pablo: «Por cuanto no hago el bien que quiero; antes bien el mal que no quiero» (Romanos, 7:19). Este es un dilema tan antiguo como la propia historia y es el precursor del primer indicio de por qué los descubrimientos de Alexander deberían continuar floreciendo hoy en día, después de un siglo de sus primeros experimentos y más de 50 años de su muerte.

La metodología

Alexander era un científico del tipo «observa y pregúntate», un pensador empírico que siempre insistió en que sus estudiantes organizaran sus ideas en términos de práctica y después teoría, nunca teoría y después práctica. Esto que puede parecer una nimiedad es la base del método Alexander. Él aprendió con la autoobservación, reflexionando sobre lo que veía y después buscando una explicación razonable a ello.

Así pues, había visto esas tres tendencias en su espejo y sospechó que estas podrían ser la causa de sus problemas de voz. Sin embargo, cuando intentaba utilizar esta información para dejar de echar la cabeza hacia atrás, no podía. ¿Qué podía hacer entonces? En lugar de estar cada vez más cerca de una respuesta, estaba cada vez más lejos. ¿Qué hizo? Siguió observando y haciéndose preguntas. Eso fue lo que siempre hizo para enfrentarse a este problema, el primero de muchos otros:

> «Lo único que podía hacer era perseverar y practicar pacientemente durante meses, como había hecho hasta entonces, con experiencias variadas, algunas exitosas y otras no, pero sin demasiada información».

¿Por qué es difícil para nosotros hacer régimen, dejar de beber o de comer chocolate? Porque este no es todo el problema; es sólo un aspecto de él, pero es el aspecto que más vemos. Ocultas a nuestro conocimiento hay otras causas más profundas de nuestro comportamiento, causas que no son tratadas cuando intentamos cambiar. Quizás comemos demasiado porque estamos tristes o porque nos reconforta hacerlo; fumamos porque estamos nerviosos o para sentirnos cómodos socialmente; los chocolates pueden recordarnos el sabor de una época anterior más feliz, llena de gente que ha dejado de formar parte de nuestras vidas.

Una búsqueda más extensa

El caso de Alexander no fue diferente. Descubrió que al echar hacia atrás la cabeza y el cuello, todo su cuerpo se veía afectado, sus hombros se encogían, y no sólo esto, todos los gestos, expresiones y acciones asociadas a su actuación se veían también afectadas por la simple acción de tirar hacia atrás y hacia abajo la cabeza:

> «Mediante la autoobservación en el espejo descubrí (sic) que cuando estaba de pie recitando usaba otras partes de mi cuerpo (brazos, piernas, gestos) de forma equivocada, ya que estaban sincronizadas a mi manera también equivocada de usar mi cabeza, cuello, laringe, órganos vocales y respiratorios, lo cual producía una tensión excesiva en todo mi organismo».

Este descubrimiento fue muy esperanzador. Se dio cuenta de que había estado intentando cambiar simplemente un pequeño aspecto de lo que en realidad era una acción globalmente coordinada de todas las partes de su cuerpo. Evidentemente, no había esperanza alguna de dejar que la cabeza fuera hacia atrás cuando era realmente el movimiento de acortar su torso el que le ayudaba a tirarla hacia abajo. Debía cambiar el movimiento de su cabeza y de su torso al mismo tiempo, pero ¿cómo debía mover el torso? Y más importante aún, ¿cómo debía mover los brazos y las piernas y cómo iba a reducir toda la tensión general que sentía?

Considerando todo esto, podemos llegar a entender que Alexander se pasara tantos años intentado resolver este problema. Incluso el mero hecho de dejar de tirar la cabeza hacia atrás le parecía todo un lío.

«¿Por dónde tengo que empezar? ¿Es la aspiración del aire lo que provoca que eche la cabeza hacia atrás y deprima la laringe? ¿O es el hecho de tirar la cabeza hacia atrás lo que provoca que deprima la laringe al aspirar el aire? ¿O es la depresión de la laringe la que hace que inspire el aire y eche la cabeza hacia atrás?».

Fue durante este largo periodo cuando Alexander ideó las famosas «direcciones de Alexander» que analizaremos con más detenimiento en los capítulos 3 y 6.

Un cambio de paradigmas

Había un movimiento más profundo en el pensamiento de Alexander, una visión revolucionaria totalmente distinta a la visión científica y filosófica que predominaba en ese momento. Admite que cuando empezó:

«Yo, al igual que mucha gente, concebía el "cuerpo" y la "mente" como dos partes separadas del mismo organismo, y, por consiguiente, creía que las enfermedades, dificultades y problemas podían clasificarse en "mentales" o "físicos" y ser tratados con terapias específicamente "mentales" o "físicas"».

Sin embargo, sus investigaciones acabaron demostrándole que todas estas acciones de coordinación complicada de su cabeza, torso, piernas y brazos no podían ser tratadas por separado como había estado intentando hacer. Se dio cuenta de que todas entran en acción instantáneamente en respuesta al estímulo de hablar. Por lo tanto, no tenía que «reparar» una «parte» de él como solución a su problema. Por eso no encontraba la solución.

Actualmente, todos seguimos pensando así. Decimos cosas como «tengo dolor de espalda» o «tengo el cuello rígido», pero esta manera de pensar, tal y como concluyó Alexander, es engañosa porque no hace referencia a cómo funcionan las cosas verdaderamente. Sería más correcto decir «soy una espalda dolorida», puesto que esta es la verdad de la situación. El dolor de espalda no es independiente a lo que yo soy.

Alexander se dio cuenta de que había estado pensando en términos de solucionar su aparato vocal como si fuera algo separado del resto de su ser; que de alguna manera podría solucionarlo sin cambiar él mismo. Está claro que cuando pensamos en esta idea la encontramos ridícula. ¿Cuándo tu aparato vocal te ha impedido ser tú mismo? Alexander no tenía un problema con la voz, ¡él era un problema de voz! Y esto quería decir que tenía que cambiar su reacción total antes de hacer nada más.

A partir de ese momento que denominó «el momento crítico» su investigación tomó un rumbo totalmente diferente. Fue un cambio de paradigma en su manera de pensar, un movimiento diferente al universo cartesiano del fenómeno de la división, que puede ser adaptado a nuestra visión moderna, resumida en la teoría de la relatividad de Einstein, de que todo, incluso el tiempo y la materia, están en constante relación cambiante; de que nada existe independientemente de otras cosas; y de que un cambio en un área causará un cambio en otra. Alexander expresa esta idea de una forma peculiar cuando escribe:

> «Es importante recordar que el uso de una parte específica del organismo en cualquier actividad está íntimamente asociado al uso de otras partes, y que la influencia ejercida por las diferentes partes entre sí está continuamente cambiando en función de la manera de usar esas partes».

Si movemos una parte de un móvil movemos todas las

partes; ninguna parte puede considerarse por separado. Los terapeutas modernos consideran las familias de la misma manera. Si un hijo está actuando mal, analizan todo el entorno familiar para encontrar el motivo. ¿Es el comportamiento del niño un reflejo de algo que está ocurriendo en la familia? La conclusión de Alexander sobre el cuerpo fue la misma: no puedes decir que un problema, por ejemplo de una pierna, sea simplemente eso, sino que se ha de considerar todo el contexto, hasta la relación entre la cabeza y el cuello, para entender el problema de la pierna. Pero Alexander estaba pensando eso en 1890 y en aquella época sus ideas eran más que revolucionarias. Era un hombre adelantado para su tiempo.

Llegar a un *impasse*

Hasta ese momento, Alexander había descubierto cómo coordinar su cuerpo para remediar parcialmente el problema de su afonía. Vale la pena destacar que, a pesar de que fracasó en la implementación completa de esos descubrimientos, estaba consiguiendo aliviar algo sus síntomas. Fue este alivio el que le confirmó que estaba en el camino adecuado; sus experimentos se guiaban por lo que él iba notando que mejoraba sus síntomas o que los empeoraba. Gracias a este método de eliminación iba poco a poco descubriendo qué tenía que hacer. Esto ilustra un principio de salud importante del trabajo de Alexander: *el uso afecta al funcionamiento*.

Alexander llevaba experimentando varios años y, aunque todavía no estaba totalmente curado de su afonía, su afección había mejorado hasta el punto de que se sintió capaz de volver a actuar con confianza. Una persona normal habría sin duda dejado su carrera en ese punto. Pero Alexander no lo hizo. Estaba intrigado por toda esta nueva manera de pensar:

> «Empecé a ver que mis hallazgos me brindaban la posibilidad de abrir un campo de investigación totalmente nuevo y me obsesioné con el deseo de explorarlo».

El problema con el que Alexander se iba a enfrentar fue el más sorprendente de su vida hasta ese momento. Ahora que ya sabía cómo coordinar sus movimientos había llegado el momento de ponerlo en práctica, y así lo hizo. Sintió que estaba teniendo éxito pero para su consternación parecía que su voz no mejoraba más. Tal como él mismo admitió, se había vuelto un poco engreído en ese momento y había prescindido de sus espejos, pensando que no le quedaba nada más por aprender. Sin embargo, su fracaso le confirmó que algo no marchaba bien. Dijo:

> «Esto me hizo suponer que no estaba haciendo lo que creía que estaba haciendo y decidí, una vez más, recurrir a la ayuda de los espejos... Descubrí, entonces, que mis sospechas eran ciertas. Comprobé que en el momento crítico, cuando intentaba combinar la prevención del encogimiento con un intento positivo de mantener un estiramiento y hablar al mismo tiempo, no tiraba la cabeza hacia delante y hacia arriba como era mi intención, sino que la tiraba hacia atrás. Esta fue la prueba más evidente de que estaba haciendo lo contrario de lo que pensaba que estaba haciendo y de lo que había decidido hacer».

Tenía un serio problema. Si su sensación le decía que estaba prosperando pero la evidencia objetiva de los espejos le decían lo contrario, estaba engañándose a sí mismo. Como él mismo descubrió a la largo de su carrera de profesor, esto es un error que todos cometemos.

El error universal

Este punto lo presentó de una manera muy clara mi profesora, Marjorie Barstow, cuando un día comentó: «No puedes reducir la tensión haciendo tensión».

Cuando le escuché este comentario por primera vez, pensé: «claro, es evidente; no hay nada nuevo en esto», pero después empecé a observarme a mí mismo y a los demás, y de pronto me di cuenta de que ¡para reducir la tensión lo que todos hacíamos era precisamente hacer tensión!

Piensa en ti mismo: ¿Qué haces cuando notas el cuello tenso? Probablemente, como la mayoría de la gente, bajas la cabeza hacia abajo, estiras el cuello, giras la cabeza en círculos o la mueves. Todas ellas son acciones que incrementan la tensión en el cuello. ¿Cómo vas a reducir la tensión incrementándola? ¿Cómo vas a liberar la tensión del cuello tensándolo aún más? ¿Verdad que no tiene ningún sentido?

Alexander descubrió, para su consternación, que aunque él *sentía* que estaba haciendo lo correcto, la realidad era totalmente contraria. Puede resultarnos algo natural estirar el cuello cuando está tenso, sin embargo, si nos paramos a pensarlo, ¿alguna vez esta acción nos ha aliviado la tensión? Reconocer el aspecto ilusorio de sus sentimientos puso a Alexander en un aprieto:

> «Esto fue, sin duda, un duro golpe. Si alguien estaba en un *impasse*, ese era yo. Porque ahí estaba yo, enfrentándome al hecho de que no podía fiarme de mis sensaciones, que eran la única guía que utilizaba y de la que dependía».

El no poder fiarse de las sensaciones no es algo extraño. La neurosis es un ejemplo de este mismo fenómeno que Alexander descubrió en sí mismo. Todos nos hemos encontrado, en un momento u otro de nuestras vidas, con gente que piensa todo tipo de cosas sobre nosotros y que sabemos que no son ciertas. Las relaciones íntimas forman un contexto en el que a menudo nos encontramos con este aspecto engañoso de los sentimientos.

Decimos que alguien tiene una «paranoia» cuando nos asigna motivos negativos falsos. Pero para la persona «paranoica» sus sentimientos son reales; cree en ellos, reacciona ante ellos y, como consecuencia estos acaban muchas veces causando el resultado que más temen. El que te acusen injustamente de estar enfadado, por ejemplo, puede llegar a irritarte hasta el punto de enfadarte.

¿Qué hizo pues Alexander?

> «Esto me llevó a estudiar en profundidad la cuestión de la dirección de el uso de mí mismo. "¿Cuál era esta dirección?", me pregunté a mí mismo, "¿en qué puedo confiar?"».

La dirección

Alexander descubrió que su impulso a moverse era algo totalmente involuntario; que lo hacía movido por unas sensaciones que resultaron no ser fiables. En sus espejos vio que este impulso ocurría casi instantáneamente en respuesta a la idea de *recitar*, y esta respuesta era la que acarreaba todas las afecciones que llevaba arrastrando durante los últimos años. No es que ocurriera sólo una cosa y el resto estuviera bien, sino que todo ocurría en un instante.

Este fue su razonamiento:

> «Llegué a la conclusión de que para ser capaz de llegar algún día a reaccionar satisfactoriamente al estímulo de usar mi voz, debía reemplazar la manera habitual instintiva de usarla (irracional) por una manera nueva más consciente (racional)».

Lo que Alexander estaba intentando hacer es algo así como la experiencia de irse al extranjero y descubrir de repente que tienes que conducir por el lado contrario de la carretera. En este caso, si sigues tus impulsos instintivos, es muy probable que tengas un accidente. Es una sensación extraña porque no puedes dejar que el instinto te lleve y dirija tus acciones, sino que tienes que actuar conscientemente. Así pues, al principio vas en contra de tus «sensaciones» porque, en este nuevo contexto, no son fiables.

Esta fue una de sus aficiones a lo largo de su vida. Alexander sostenía que puesto que el mundo estaba cambiando más rápidamente que nunca, era cada vez más necesario para nuestra supervivencia que fuéramos capaces de reeducar nuestras sensaciones. No podemos suponer que una serie de respuestas desarrolladas al principio de nuestra vida continúen siendo una guía fiable para acciones posteriores. Gran parte de la psicología moderna se basa en esta simple premisa.

En este sentido, Alexander se anticipó a la explosión en el mundo occidental de la práctica del psicoanálisis, la psicoterapia y todas las demás terapias de la mente que abundan en la actualidad. Esta idea de Alexander tiene también sus paralelismos con el concepto psicológico de la transferencia, por el que atribuimos falsamente nuestras percepciones a otros basándonos en experiencias pasadas. Alexander intentaba resolver estos problemas mientras Freud escribía su obra *Proyecto de una psicología para neurólogos* (1985). En Sidney, Australia, donde vivía entonces Alexander, no podía refugiarse en otra cosa que en su propia práctica empírica:

> «Me decidí a poner en práctica esta idea pero de repente me paré en seco por culpa de una serie de experiencias sorprendentes e inesperadas».

¿Qué ocurrió?

Continuó con su antigua respuesta habitual, a pesar de sus esfuerzos «conscientes» por cambiarla. ¿Acaso no nos ha pasado a todos alguna vez? ¿Cuántos propósitos de año nuevo hemos conseguido cumplir? Seguro que durante unas semanas o meses nos hemos guiado conscientemente hacia ese nuevo comportamiento: dejar de comer dulce, llegar puntual a las citas, dejar de fumar, etc., pero de pronto ocurre una crisis y antes de que nos demos cuenta hemos vuelto a caer en esos viejos hábitos. Sin querer, estamos constantemente yendo de lo nuevo a lo viejo. Esta fue también la experiencia de Alexander:

> «En la práctica real descubrí que no hay una verdadera línea divisoria entre mi dirección irracional y racional de mí mismo y que era casi incapaz de evitar que ambas se solaparan».

Lo que hizo Alexander a continuación fue bastante inesperado: abandonó. Decidió que ya no intentaría hacer lo nuevo; que se separaría completamente de su «fin» para focalizar su atención en los «medios». Este fue el nacimiento de otro principio rector de los descubrimientos de Alexander: el concepto de *end-gaining* (ir directo a por un fin).

End-gaining

En un momento u otro, todos nos movemos por un fin y actuamos para conseguirlo. El concepto de *end-gaining* hace referencia a la idea de ir directo a por un fin sin tener en consideración los medios necesarios para conseguirlo. Un ejemplo clásico de *end-gaining* es correr para llegar a algún sitio. En nuestra carrera pueden ocurrir accidentes que retrasen nuestra salida.

Por ejemplo, intento acabar de lavar los platos rápidamente antes de que empiece mi serie de televisión favorita, pero al intentar ir rápido y puesto que miro de reojo la televisión que está en otra habitación, no me doy cuenta de que hay un vaso en la mesa y lo tiro al suelo. Ahora me va a tocar recoger los cristales y voy a tardar más. Si hubiera de verdad prestado atención a lo que estaba haciendo, que al fin y al cabo es el único medio real para conseguir mi objetivo de acabar de lavar los platos a tiempo, no habría tirado el vaso y habría terminado antes.

El *end-gaining* es una forma de vida para muchas personas, pero su coste es terrible. Ataques de corazón, de ansiedad, enfermedades y estrés son consecuencias de esta forma de vida. En los deportes, el *end-gaining* puede suponer la muerte del atleta. Si un piloto de coches pierde la atención durante un segundo, el resultado puede ser fatal.

Estar obsesionado con ganar no es malo, siempre y cuando no dejemos de prestar atención al terreno. La ambición exagerada, sin embargo, puede distorsionar nuestra visión y permitir que la obsesión se apodere de nuestra mente y que perdamos así la concentración en la tarea que estamos realizando. *Para ganar tenemos de abandonar la idea de ganar*. En este caso, «abandonar la idea de ganar» puede significar abandonar la ansiedad de perder. Después de todo, no estarías ansioso por perder si el ganar no supusiera mucho para ti, ¿verdad que no? Pero si llevamos esta ansiedad al terreno del juego, podría ser letal para tus posibilidades de ganar.

Este es el enrevesado mecanismo del *end-gaining*, tal y como Alexander lo concibió. Tuvo que abandonar la idea de obtener lo que quería porque se estaba entrometiendo en el camino de obtener lo que quería. Cuanto más progresamos en la historia de Alexander, más complicados empiezan a ser los conceptos porque exploran la verdadera naturaleza de la mente, y no sólo de la mente, sino también de las importantes relaciones interdependientes que la mente tiene con los sentimientos. Alexander comentó:

«Me di cuenta de que una respuesta inmediata era el resultado de una decisión mía de hacer algo inmediatamente, de ir directamente a por un fin determinado, y que al actuar rápidamente sobre esta decisión no me daba la oportunidad de proyectar tantas veces como era necesario las nuevas direcciones que había estimado como los mejores medios por los cuales podría conseguir ese objetivo».

Esta nueva percepción de su comportamiento fue extraordinaria. Alexander estaba diciéndose a sí mismo que ¡la única forma de ganar lo que quería era dejando de quererlo!

Cuando contacté por primera vez con los doce pasos del programa de Alcohólicos Anónimos, me sorprendió al principio la similitud de su primer paso con el método Alexander. Ambos recomiendan que la manera de cambiar sea abandonar el esfuerzo desesperado por intentar controlar el objetivo. Abandonar, por ejemplo, la idea de que tienes el poder de controlar tu consumo de alcohol. El alcohólico piensa: «puedo dejar de beber cuando quiera, pero no quiero hacerlo», pero el primer paso del programa AA dice: «admitimos que no tenemos ningún poder sobre el alcohol y que nuestras vidas son incontrolables».

La aceptación de uno mismo

Siempre me ha extrañado que el primer paso de un programa cuyo objetivo explícito es conducirte a la sobriedad abandonando el alcohol te pida admitir, como primer paso, que no tienes ningún poder sobre el alcohol. Lo que hay detrás de este paso, y de la propia concepción de Alexander en esta fase de su investigación, es la autoaceptación.

Si el motivo del cambio es una aversión hacia lo que estoy haciendo, entonces para cambiar siempre necesitaré la energía de esta aversión: una paradoja que no puede resolverse por un esfuerzo mayor puesto que cuanto mayor sea el esfuerzo mayor será la aversión. Alexander comentó sobre este fenómeno extraño del comportamiento humano:

«Intentar algo no es más que enfatizar la cosa que ya sabemos».

Se dio cuenta de que:

«... para mí sería necesario vivir la experiencia de recibir el estímulo de hablar y de rechazar hacer cualquier cosa inmediatamente en respuesta a ese estímulo».

La frase clave aquí es «vivir la experiencia». Esto quiere decir romper el vínculo mental entre la persona que quieres ser y la persona que eres. ¿Por qué debería ser esto tan importante?

Tal y como se descubrió en el programa de doce pasos de Alcohólicos Anónimos (AA), el problema central gira en torno a la autoaceptación. Si estás constantemente intentando ser lo que no eres, no puedes experimentar lo que eres. En el programa AA, es necesario admitir «soy alcohólico». En el programa Alexander es necesario abandonar la idea de querer tu fin y decir: «así es como soy». Alexander dijo:

«A la gente que no tiene cosas más importantes que hacer, lo que hacen les parece bien».

Pensar en la actividad

Pero si abandonas la idea de conseguir tu fin, ¿qué haces en lugar de eso? ¿Qué iba a hacer Alexander si no iba a hablar? ¿Quedarse ahí sin hacer nada? Exactamente. Eso fue lo que hizo. Escribió que se dedicó a pasar «largos periodos de tiempo consigo mismo, muchos días, semanas e incluso meses».

No hizo nada más que ponerse delante de sus espejos y darse las direcciones para cambiar su coordinación. Imagínese lo que esto significa: horas de autoobservación en silencio, meses de pie delante del espejo poniendo en práctica las direcciones de uso de sí mismo. La inspiración para el proceso del «patrón primario de sostén» descrito en el capítulo 5 proviene de esta práctica de Alexander. No es diferente a la práctica de algunas formas de meditación.

El profesor John Dewey, buen amigo y alumno de Alexander, durante mucho tiempo describió este proceso como «pensar en la actividad» y Alexander afirmó que:

> «...cualquiera que lo lleve a término fielmente mientras intenta llegar a un fin descubrirá que está adquiriendo una nueva experiencia de lo que él denomina "pensar"».

Es en este punto que las palabras se hacen totalmente inadecuadas para describir el viaje del descubrimiento de Alexander, puesto que él fundamentalmente descubrió una forma de impartir una nueva experiencia y esta no puede describirse, igual que un beso no puede enviarse por correo.

Pensar en la actividad es el proceso de proyectar una serie de direcciones diferentes juntas en una secuencia. En la jerga Alexander, es lo que se denomina «dar tus direcciones». ¿Cuáles son estas direcciones que se han de dar? Esta es la esencia de una clase de Alexander: un profesor está formado para impartir la experiencia de estas direcciones a través del uso de sus manos. Cada dirección o indicación está diseñada para guiar tu sistema nervioso hacia un modelo integrado y eficiente de coordinación. Son el resultado del largo periodo de tiempo que Alexander dedicó a la investigación de su coordinación y, por tanto, de la especie humana. Todo esto está explicado con más detalle en los capítulos 3 y 6.

El momento crítico

Al final llegó el momento en que Alexander quiso aplicar su nuevo proceso de «pensar en la actividad» a su recitación. En ese momento iba a encontrarse con el último y más terrible obstáculo de sus diez años de odisea:

> «Llegó un momento en que pensé que había practicado suficientemente 'los medios' y empecé a emplearlos para el propósito de hablar, pero para desesperación mía, me di cuenta de que eran más frecuentes los fallos que los aciertos».

¿Qué estaba haciendo mal? Alexander no tenía ni idea. Escribió:

> «El hecho es que seguía cometiendo más fallos que aciertos, y por lo tanto no tenía más remedio que retroceder y reconsiderar mis premisas».

Volvió a reflexionar y vio que las direcciones que estaba dándose a sí mismo eran las correctas. No tenía ninguna duda. Descartado pues ese problema, se puso a investigar otras posibilidades; incluso llegó a plantearse que su problema no fuera una consecuencia de sus propias y singulares incapacidades.

Centró su atención de nuevo en el momento crítico. Habiéndose familiarizado ya con la experiencia de pensar en la actividad, sabía que estaba poniéndola en práctica; sin embargo, no estaba funcionando. Escribió:

> «Llegué a la conclusión de que era necesario para mí buscar alguna prueba concreta de que en el momento crítico, cuando intentaba conseguir mi fin y hablar, seguía de verdad proyectando las direcciones en su secuencia adecuada para el empleo del uso nuevo y más satisfactorio, como creía que estaba haciendo, o si por el contrario estaba volviendo a las direcciones

instintivas erróneas de mi uso antiguo habitual, que es el que había asociado a mi problema de voz».

¿Sabes lo que descubrió? Que no lo estaba haciendo. ¿Pero, por qué?

Esta fue la pregunta clave en la que se inspiró la respuesta de Alexander. A través de una meticulosa experimentación, cayó en la cuenta de que el proceso de «dar» sus direcciones era diferente al proceso de «sentirlas» y de que este segundo proceso era el que estaba impidiendo que al hablar se coordinara a sí mismo de una manera diferente.

Mi profesora Marjorie Barstow solía decir: «piensas, te mueves y después sientes», pero lo que Alexander descubrió en ese momento es que él lo hacía todo al revés: pensaba, sentía y después se movía. Pero ¿qué es lo que estaban buscando sus sensaciones? Buscaban la experiencia que sintieran como buena y natural; de repente Alexander cayó en la cuenta de que la experiencia que realmente él quería la sentiría como totalmente equivocada. ¿Cómo podía cambiar?

Según decía él siempre a los demás, no puedes cambiar y seguir igual al mismo tiempo, pero eso era exactamente lo que estaba intentando hacer. Pensaba que si dejaba de seguir su coordinación habitual, que era la que él consideraba normal, ninguna otra manera nueva la sentiría como normal, sino que incluso la sentiría como una manera de coordinarse totalmente equivocada. Sabía que iba a ser así. A pesar de todo, siguió adelante dando direcciones con las que no estaba familiarizado mientras buscaba una sensación que le resultara familiar al realizarlas:

«Ahora tenía que enfrentarme al hecho de que en todos mis intentos durante los últimos meses había estado intentando emplear una nueva manera de uso de mí mismo que seguro que iba a sentir incorrecta, confiando al mismo tiempo en mi sensación de qué era lo correcto para que me dijera si la estaba empleando o no».

¡No es de sorprender que este intento resultara infructuoso! En el programa de AA lo denominan «dejarlo todo en manos de Dios». Alexander nunca fue un hombre religioso; de hecho, en una ocasión ofendió a unos cristianos diciendo que Jesús tenía muy buenas enseñanzas pero muy poca técnica, pero su descubrimiento de cómo hacer un cambio real es muy profundo.

La naturaleza del cambio

Para poder hacer un cambio de verdad, tenemos que entrar en un mundo nuevo en el que todo lo conocido desaparezca. Y no podemos aferrarnos al pasado mientras estamos viviendo para el futuro. Alexander descubrió que «el aferrarse» a lo que le era conocido le impedía experimentar lo desconocido.

Cuando abandonaba lo conocido y seguía sus nuevas direcciones, se sentía extraño. Las clases de Alexander te hacen sentir extraño. Un alumno mío bromeaba un día diciendo que después de una clase tardaba treinta minutos en recordar su nombre. Entiendo a qué se refiere; las clases de Alexander tienen la capacidad de llegar al terreno de «uno mismo» y eliminar muchos de los obstáculos del terreno psicológico. Puedes llegar a experimentar un «yo» que está oculto y escondido, un «yo» diferente de la persona que te imaginas que eres y más próximo a la persona que de verdad eres. En este sentido, las clases Alexander son muy profundas y pueden resultar un tanto amedrentadoras.

Los que han sobrevivido a un abuso me han contado muchas historias de cómo, durante las clases, se les han despertado los terrores del pasado como si fueran las capas protectoras de las tensiones desaparecidas. Alice Miller lo expresó diciendo:

«La verdad de nuestra infancia está almacenada en nuestro cuerpo y aunque podamos reprimirla nunca podemos alterarla. Podemos defraudar a nuestro intelecto, manipular nuestros sentimientos, confundir nuestras percepciones y engañar a nuestro cuerpo con medicamentos. Pero llegará un día en que el cuerpo nos pasará factura porque es incorruptible como un niño que, todavía lleno de ánimo, no acepta compromisos o excusas y no dejará de atormentarnos hasta que dejemos de eludir la verdad».

Conclusión

No todas las clases de Alexander son así de profundas; depende en gran medida de la capacidad y naturaleza del profesor. En el caso de Alexander, lo único que pretendía era solucionar el problema con su voz y volver a los escenarios, pero no volvió, porque su nuevo descubrimiento resultó ser la pieza final que completaba el puzzle.

Alexander ahora tenía un plan, un plan que funcionaba. Un buen profesor puede familiarizarte rápidamente con este plan que implica hacer una elección. Alexander nos cuenta que tomaría la decisión de hablar y después decidió experimentar el no hablar. En el momento crítico volvió a dar sus direcciones y consideró sus opciones. Quizás hablaría. Quizás levantaría un brazo. Quizás no haría nada más que continuar con el proceso de darse indicaciones. Escribió:

«Después de haber trabajado en este plan durante un tiempo considerable, me había liberado de mi tendencia a volver al uso habitual inadecuado de recitar, y el efecto que esto tuvo en mi funcionamiento me convenció de que estaba por fin en el camino correcto, puesto que una vez liberado de esta tendencia me liberé también de los problemas de garganta y nariz que me habían estado acosando desde mi nacimiento».

La gente enseguida se dio cuenta del cambio significativo de Alexander y le preguntaba: «¿Cómo lo has conseguido?, ¿podrías enseñarme?». Mientras estaba en Nueva Zelanda, en una de sus últimas giras como actor (actuó en el Old Vic de Londres como Shylock en *El mercader de Venecia*) un grupo de alumnos le escribió rogándole que continuara como profesor en lugar de reanudar su carrera de actor. Al regresar a Australia, consideró seriamente esta petición.

El momento decisivo llegó un día de verano de 1903. Alexander se subió a un tranvía en Melbourne donde por casualidad se encontró con su corredor de apuestas que le ofreció una apuesta de 150:1 en una carrera que iba a hacerse ese día. Como siempre le había gustado el riesgo, Alexander apostó cinco libras, una pequeña fortuna para la época, y ganó.

El enorme aislamiento de Australia había erigido a este extraordinario hombre, pero en 1903 Londres era el centro del mundo y Alexander lo sabía. Tomó su dinero y se embarcó hasta llegar a la costa de Inglaterra en 1904. Nunca más regresó. El chico de Wynyard había conseguido hacerse famoso, pero no como el actor que siempre había soñado ser. Sobrepasó incluso sus propios sueños creando un sistema que actualmente se utiliza en prácticamente todas las escuelas de arte y ensayo del mundo occidental. Prácticamente no hay ningún actor vivo en la actualidad que no haya oído hablar de él. No sólo consiguió restaurar su propia voz sino que creó una nueva; una voz que ahora, más de 50 años después de su muerte en 1955, continúa escuchándose en todo el mundo.

3 La fisiología del movimiento

> «Te enseñarán anatomía y fisiología hasta la saciedad, pero seguirás teniendo que enfrentarte a tomar la decisión de cambiar tus hábitos de vida».
>
> F. M. ALEXANDER

Yo trabajo mucho con actores y durante mi primera clase les demuestro lo mucho que están «caracterizados» por sus patrones de coordinación. Todos nos sostenemos de una forma particular, y nuestros movimientos más importantes están influenciados por esta acción de sostenernos tal como muestran los personajes de la Figura 3.1. Alexander dijo:

> «Hablar de la individualidad y del carácter de una persona es hablar de la manera de usarse a sí mismo».

Figura 3.1. Alexander: «Hablar de la individualidad y del carácter de una persona es hablar de la manera de usarse a sí mismo».

Este «uno mismo» del que tanto nos gusta hablar es, en términos psicológicos, una entidad hipotética. Aunque se supone que dirige nuestras acciones, este «uno mismo» no puede encontrarse en nuestros sistemas corporales de la misma manera que se encuentran nuestro corazón, riñón o cerebro. Proviene de una extensa variedad de respuestas que, a su vez, derivan de una variedad de causas y condiciones de nuestro entorno; todas juntas representan a «uno mismo» pero existen como un conjunto de respuestas aprendidas a determinadas condiciones, condiciones que por sí mismas van cambiando regularmente. Esto es una suerte para nosotros porque implica que podemos cambiar respuestas previamente aprendidas a determinadas condiciones y así cambiar el uso que hacemos de nosotros mismos. El tercer libro de Alexander se titula *El uso de sí mismo*.

Este capítulo explora este «uno mismo» tal y como aparece en nuestra fisiología del movimiento, que es el estudio de los procesos de nuestro cuerpo y mente. Es un tema bastante complejo; algo así como intentar analizar la materia. Podemos hablar de los átomos y todo parece bastante claro y lógico, pero si entramos en el terreno subatómico y nos metemos en la teoría cuántica y los quarks, desaparece toda la lógica.

Estudiar la fisiología del movimiento se parece un poco a esto. Hay un nivel en el que todo tiene sentido, pero existe otro nivel más profundo donde todo parece influir en todo lo demás, y en donde cada afirmación sobre cómo funciona algo tiene que ser calificada por otras veinte porque hay cientos de cosas que podrían modificarla. No voy a presentarte todas estas «calificaciones» porque ni yo mismo las entiendo.

El título de este capítulo es un poco engañoso porque no ofrezco una imagen total de nuestra fisiología del movimiento. Esto me llevaría todo un libro. Voy a omitir mucha información y voy a ser muy simple en la que incluyo, puede que demasiado, pero mi intención no es ayudarte a aprobar un examen, para eso ve a la universidad, sino ofrecerte algunas ideas útiles y prácticas para cuando te decidas a hacer cambios en sus patrones de movimiento.

Sistema motor de sostén y de movimiento

La idea más intrigante de la fisiología del movimiento, desde nuestro punto de vista, es la organización de las redes musculares y neuronales en lo que los fisiólogos denominan sistema «motor de sostén» y sistema «motor de movimiento».

Cuando estás de pie ¿por qué no te caes al suelo? Porque determinados músculos, denominados músculos intrínsecos, te «sostienen». Estos músculos son cortos, y están tensos y en funcionamiento la mayor parte del tiempo. Se encuentran en la capa más profunda, casi tocando el hueso, y participan en cualquier cosa que hagamos; de ahí que se denominen técnicamente músculos «intrínsecos». Yo les llamo «los músculos del estar», porque nos ayudan a «estar» erguidos. El nombre colectivo de todos estos músculos y las redes neuronales responsables de su organización y función es «sistema motor de sostén».

Cuando decides moverte, entra en juego otro grupo de músculos. Estos músculos, denominados músculos extrínsecos, son más largos, más fuertes y más superficiales, es decir, están más cerca de la piel que del esqueleto. Las curvas estéticas del cuerpo humano están formadas por estos largos y potentes músculos que son los que participan en los movimientos más importantes como caminar, saludar con la mano o inclinarse. Por esta razón su nombre técnico es músculos «extrínsecos», pero yo les denominaré músculos del «hacer» porque «hacen» todos los grandes movimientos. El nombre colectivo de estos músculos y de las redes neuronales responsables de su organización y función es «sistema motor de movimiento».

Los músculos de «estar» y de «hacer»

Si miramos estos dos tipos de músculos a través de un microscopio apenas podemos ver la diferencia, aunque hay algunas que te diré más adelante, porque esta clasificación es más funcional que estructural, es decir, es el uso que hacemos de ellos lo que define su categoría. Por esta razón, un músculo puede clasificarse a veces como de «estar» y «hacer» al mismo tiempo porque puede desempeñar ambas funciones. A veces un músculo actúa para estabilizar un movimiento, otras para hacerlo. ¿Qué ocurre si hacemos un mal uso de ellos, si les hacemos hacer lo contrario de aquello para lo que han sido diseñados?

Pongamos, por ejemplo, la actividad de correr. Hay quien corre sin tener cuidado de sus movimientos, malgastando un montón de energía y esfuerzo al hacer movimientos tales como balancear la cabeza hacia arriba y hacia abajo y mover el torso de lado a lado, movimientos que no aportan nada a su carrera, excepto quizás ralentizarla.

Este es un ejemplo de los músculos de «hacer» cuando trabajan de forma innecesaria. Los atletas olímpicos, sin embargo, corren de una forma tan suave como si fuera el propio viento, concentrando cada gramo de su esfuerzo en el objetivo principal de la velocidad, eliminando cualquier movimiento innecesario. En este caso, sólo actúan los músculos de «hacer», mientras que el resto de músculos «están», es decir, crean una estructura estable que permite que los miembros puedan ejercer su magia.

Es importante que la división del trabajo entre estos dos tipos de músculos se realice satisfactoriamente; de lo contrario, empezarían a surgir todo tipo de problemas. Uno de los peores es el encogimiento: vemos que ya no podemos estar cómodos cuando intentamos mantener una postura derecha y nos vamos encorvando poco a poco, ya no sólo cuando estamos sentados en una silla sino *en todo momento*.

Nos encorvamos cuando caminamos, cuando nos sentamos o nos levantamos de una silla, cuando nos agachamos a recoger algo. Al final, nunca estamos cómodos. Siempre nos sentimos cansados y tenemos dolores en el cuerpo que se convierten en una carga muy pesada. Sabemos que no es saludable encorvarnos, pero sentarnos derechos nos supone un gran esfuerzo y por eso lo hacemos. En cualquiera de las dos posturas nos encontramos incómodos y cansados, ¿por qué?

Parte de la respuesta está en la forma en que los músculos consumen energía. Y el consumo depende del trabajo que tengan que hacer. Los músculos de «estar» del sistema motor de sostén trabajan arduamente, casi nunca se detienen, mientras que los de «hacer» del sistema motor de movimiento sólo son reclamados para contraerse de vez en cuando, y descansan entre la ejecución de un movimiento y el siguiente.

Los pobres músculos de «estar», en cambio, tienen mucho trabajo; incluso cuando estamos echados en la cama están trabajando. Si no trabajaran, los demás sistemas como el respiratorio, el digestivo y el circulatorio se verían negativamente afectados. Cuando dormimos, los músculos más grandes de «hacer» apenas trabajan; quizás solamente cuando nos damos la vuelta en la cama pero no más. Así pues, los músculos de «hacer» tienen tiempo para descansar mientras que los de «estar» casi nunca lo tienen. Para proveer estos dos tipos de demandas, existen dos tipos de fibra muscular: la fibra muscular roja y la blanca.

Las fibras musculares fatigables e infatigables

Una fibra muscular es una célula muscular que puede ser roja y blanca. Las fibras musculares blancas se denominan también fatigables ya que si se usan durante un largo periodo de tiempo acaban fatigándose y provocando una acumulación de sustancias químicas que hacen que no seas capaz de mantener la contracción. En cambio, las fibras musculares rojas, como tienen una manera especial de quemar la energía, pueden estar contraídas durante toda la vida sin que sientas ningún dolor; por eso se las conoce como fibras musculares infatigables. Todos los músculos contienen ambos tipos de fibra; ahora bien, hay un factor estructural que distingue a los músculos de «estar» y «hacer», que es la cantidad de fibra que contiene cada músculo (*véase* Figura 3.2).

Un músculo es una colección de millones de estas fibras musculares y cada músculo contiene una proporción determinada de cada tipo de fibra dependiendo del tipo de trabajo que tenga que realizar. ¿Sabes qué tipo de fibra es más abundante en los músculos de «estar»? Estos músculos de «estar» intrínsecos contienen evidentemente un alto porcentaje de fibras musculares rojas infatigables, mientras que los de «hacer» contienen mayor cantidad de fibras fatigables.

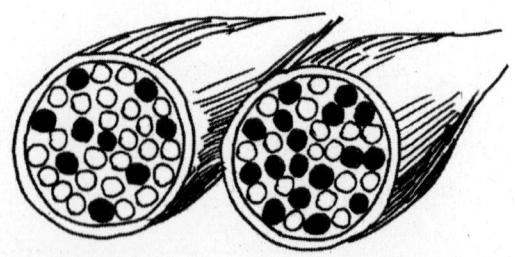

Figura 3.2. Esta sección trasversal de ambos músculos, extrínseco (izquierda) e intrínseco, (derecha) muestra la diferencia en la proporción de fibras rojas (puntos negros) y fibras blancas (puntos blancos).

Esta fisiología es básica para el rendimiento de un atleta: los mejores velocistas tienen un porcentaje mucho más elevado de fibras musculares fatigables mientras que los corredores de fondo o de larga distancia tienen más fibras no fatigables. En cierta manera, su destino atlético está genéticamente predeterminado. Es raro que haya, si es que lo hay, un atleta que sea excelente en ambas modalidades.

Volviendo a la pregunta que he formulado antes, ¿por qué nos encontramos incómodos y cansados cuando estamos erguidos y tendemos a encorvarnos siempre?, en nuestra vida diaria podemos utilizar las fibras fatigables para hacer el trabajo de las fibras infatigables, pero cuando esto ocurre empezamos a sentir molestias. Un ejemplo de esto sería sentarse metiendo la zona lumbar y levantando con fuerza el pecho. Evidentemente, estas fibras fatigables no realizarían bien esta tarea y se cansarían fácilmente; los músculos empezarían a dolernos y acabaríamos encogiéndonos. Durante nuestra vida este encorvamiento progresivo del torso va afectando a toda la estructura corporal y a la movilidad, tal como muestra la Figura 3.3.

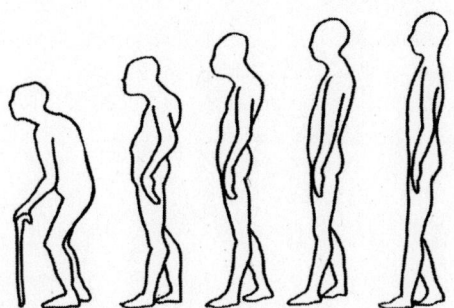

Figura 3.3. El progresivo encorvamiento y encogimiento de nuestra vida diaria tiene un efecto enorme a largo plazo en nuestra estructura y en la flexibilidad de los movimientos.

Este encorvamiento, además de afectar a nuestra flexibilidad, incrementa la tensión en otros sistemas corporales. Por ejemplo, puede ocasionar problemas de respiración. En lugar de respirar de una manera tranquila y con respiraciones prolongadas, nuestro ciclo respiratorio se acelera produciendo el jadeo. Este efecto también se refleja en otros sistemas: la presión sanguínea se incrementa, así como también el ritmo cardíaco, e incluso la digestión puede resultar más problemática.

Esta información todavía no ha sido probada científicamente, pero mi experiencia como profesor de la técnica Alexander me ha demostrado que es cierta. Cuando una persona recupera el correcto equilibrio entre los dos sistemas motores, la diferencia se ve inmediatamente, por ejemplo, en la manera de respirar.

Si sigues las clases de Alexander, enseguida comprobarás tú mismo la diferencia. Hay también una cantidad enorme de pruebas evidentes de los cientos de miles de personas que han experimentado estos beneficios durante los más de cien años que llevan divulgándose los descubrimientos de Alexander.

Un estado saludable de nuestro sistema motor es un requisito básico para el correcto funcionamiento de los demás sistemas corporales. Aunque estos sistemas pueden funcionar y funcionan en cualquier estado, lo hacen de una manera más eficiente cuando nuestro sistema motor funciona bien.

La selección de la fibra

De lo que hemos dicho hasta ahora podemos deducir que es muy importante seleccionar la fibra más adecuada para cada trabajo. Aquí nos encontramos con otro concepto de la fisiología del movimiento: la selección. La selección hace referencia a los procesos que el sistema nervioso utiliza para seleccionar de forma apropiada, o inapropiada, el tipo de fibras adecuadas para cada trabajo determinado.

¿Cómo selecciona en este momento tu sistema nervioso estas fibras? Prueba de hacer este pequeño experimento para comprobar la acuidad de la selección. Levanta el brazo lateralmente hasta que la mano quede a la altura de tu hombro. Mantén esta postura mientras sigues leyendo. Normalmente, esta actividad la realizan los músculos de «hacer», que son los que tienen las fibras blancas más potentes pero más fatigables; esto quiere decir que tarde o temprano empezarás a sentir un poco de dolor. El tema está en que mantener el brazo en esta postura es algo anormal pero que en ocasiones tendremos que hacer, por ejemplo, para pintar un techo. Este es un ejemplo perfecto de por qué, escondidas entre todas esas fibras fatigables, hay otras pocas no fatigables, que tendrán que ser seleccionadas si quieres continuar con el brazo levantado. La mayoría de los lectores sentirán dolor al mantener esa postura durante mucho rato, pero si tú no eres uno de ellos, felicidades. Tu selección es excelente. Ya puedes bajar el brazo.

Las clases de Alexander te enseñan a mejorar la selección. Cualquier actividad que te haga prestar atención a tus movimientos y fomente la delicadeza, la ligereza y la naturalidad te llevará a una mejor selección de las fibras. La coordinación mal ajustada se podría definir diciendo que la selección es inadecuada; las fibras musculares blancas fatigables están intentando hacer el trabajo de las rojas no fatigables, por lo que se cansarán enseguida. La respuesta coordinada de nuestro cuerpo dejará de ser armoniosa. Es como si todos los músicos de una sinfonía decidieran de repente tocar su propia melodía, creando una cacofonía de ruido totalmente carente de armonía. Observa cómo camina la gente por la calle durante una hora, cómo balancean sus miembros, caderas y cabeza, o cómo los tensan innecesariamente, y entenderás rápidamente que esta descripción no es tan inverosímil como parece.

Pero ahora llega la gran pregunta: ¿Cómo puede la técnica Alexander mejorar la selección?

La inhibición para recuperar la libertad

Para responder a esta pregunta tenemos que hablar de la «inhibición». El significado que tiene para los fisiólogos el término «inhibición» no tiene nada que ver con el que le dio Freud. Para nosotros, el término «inhibición» significa libertad, y no represión. Aunque fue Sherrington quien descubrió las neuronas inhibidoras del sistema nervioso, podemos decir que el descubrimiento del *principio* de inhibición para controlar los movimientos diarios fue también de Alexander. La inhibición es la esencia del método Alexander.

Alexander fue uno de los fisiólogos más importantes del mundo. No conocía la terminología en latín de la fisiología ni podía describir la actividad microscópica del sistema neuromuscular, pero sabía más del control del movimiento en un sentido global que ninguno de sus contemporáneos. Siempre se ha dicho que la excitación es la única manera de controlar el movimiento. Si queremos hacer algo, contraemos nuestros músculos para hacerlo, y ya está. Pero en realidad esto no es del todo cierto, y este fue el principal descubrimiento que hizo Alexander en el campo del comportamiento humano: la inhibición, igual que la excitación, son ingredientes esenciales para el control del movimiento, tal y como muestra la Figura 3.4.

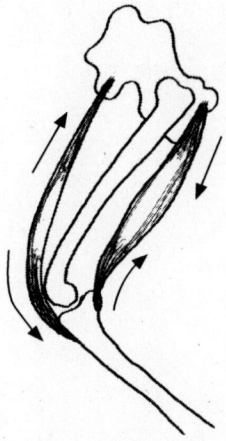

Figura 3.4. Cuando doblamos la pierna, excitamos evidentemente los músculos para contraerla (representados por las flechas que apuntan hacia ella) pero para poder doblarla también tenemos que inhibir la actividad de otro conjunto de músculos opuestos (representados por las flechas en dirección contraria).

Este es el primer punto fundamental que hay que entender de las direcciones de Alexander de las que hablaremos en el capítulo 6. No han sido diseñadas para excitar los músculos con el fin de conseguir un resultado específico, tal y como ocurre cuando hacemos movimientos normalmente, sino para inhibir o prevenir la continuación de un resultado que ya está en marcha.

Vuelve a leer esta frase, ya que es importante para entender todo lo que viene a continuación. Lo que importa es la «inhibición» de cualquier actividad inapropiada, y no la excitación de una nueva. En la jerga de Alexander, esto se conoce con el nombre de «no hacer», que viene a ser lo mismo que inhibir.

La inhibición existe primero a nivel celular y luego va extendiéndose por todos los niveles de organización del sistema nervioso e incluye el control total voluntario. Empecemos por el nivel celular y sigamos la acción expansiva, recordando que estamos trabajando hacia una mayor comprensión de cómo la «inhibición» mejorará la «selección» de las fibras musculares rojas y blancas que hay dentro de la musculatura intrínseca y extrínseca para mejorar así el funcionamiento de todos nuestros sistemas corporales.

Las neuronas motoras: inhibición y excitación

Una neurona motora es un pequeño mecanismo –de hecho, una célula biológica,– que dispara una carga que o bien contrae un músculo o inhibe esa contracción. Las neuronas que excitan se denominan, evidentemente, neuronas motoras «excitantes» y las que inhiben se denominan «inhibidoras».

Te darás cuenta de lo mucho que necesitas estas neuronas «inhibidoras» cuando pienses en que en un nivel primitivo nuestro cerebro está siempre intentando hacer cualquier movimiento que pueda. Nuestro sistema muscular está siendo continuamente bombardeado con impulsos neuroeléctricos que podrían, si no fuera por estos centros del cerebro que «inhiben» algunos de estos mensajes, provocarnos crisis como el espasmo o la inmovilización total de nuestro movimiento. Si alguna vez has visto a alguien sufrir esta falta de inhibición habrás visto cómo sus piernas y brazos se contraían de forma incontrolable debido al daño provocado por su sistema nervioso.

Aunque todos tenemos estos impulsos que inundar nuestra espina dorsal cada segundo, por suerte la mayoría de nosotros tenemos también los impulsos inhibidores que contrarrestan esta excitación masiva; así es cómo organizamos un concierto coordinado de actividad. Pero ¿no parece un poco extraño tener toda esta excitación y tener que inhibir gran parte de la misma?

Las consecuencias de esto están mejor resumidas en la observación de Alexander de que las cosas correctas se hacen por sí mismas, y que «lo único que tenemos que saber en este mundo es reconocer cuando nos equivocamos».

Las cosas correctas se hacen por sí mismas

No es necesario aprender a caminar; es necesario aprender cómo no caminar. Hay que controlar el proceso, dirigir la fuerza, pero no originarla. Hay que girar el volante, no empujar el coche.

Recurriendo a una película famosa de ciencia ficción: «la fuerza está en ti». Nunca te abandonará. Siempre ha estado ahí y siempre lo estará. Nuestro problema es que la hemos ido ahogando con una serie compleja de pseudomovimientos que forzosamente suprimen el orden natural que está luchando por predominar; es este orden natural el que «hace por sí mismo» si aprendemos a inhibir lo que es incorrecto.

Otra analogía útil para entender este punto es imaginarse un espejo cubierto de barro. El espejo sigue teniendo la capacidad de reflejar pero, externamente, parece haberla perdido. Si limpiamos el barro, el reflejo volverá a aparecer. Esto es lo que ocurre con la coordinación fácil. Parece que la hayamos perdido y en su lugar tenemos rigidez en el cuello, agarrotamiento en el cuerpo y muchos otros problemas con otros sistemas de nuestro organismo. Pero en realidad, lo único que tenemos es barro en el espejo. En una ocasión Alexander le aconsejó a un alumno:

> «Como harías con un buen amigo, deja de hacer cosas incorrectas primero».

No obstante, muchos de los consejos para «mejorar la postura» que dan actualmente profesores de todo tipo van en contra de este principio básico de nuestra fisiología. Se nos dice que tenemos que intentar corregir nuestra coordinación, colocarnos bien con actividades dañinas como tirar la espalda hacia atrás, meter el trasero o levantar el pecho. Los métodos de este tipo son nefastos. Lo único que conseguiremos es incrementar la tensión del cuerpo, ¡poner barro en el espejo! Si, en cambio, intentamos dejar de hacer (parar) cualquier contracción innecesaria y perjudicial, el modelo inherente volverá a emerger. Nuestro sistema nervioso no tiene que aprender a coordinarnos bien, ya lo sabe. Lo que ocurre es que nosotros se lo impedimos.

Una de las cosas que sabe nuestro sistema nervioso es cómo hacer la selección adecuada de las fibras musculares fatigables y no fatigables; también esto es algo inherente al sistema nervioso. Por lo tanto, si somos capaces de identificar e inhibir esos modelos de coordinación que hemos desarrollado, y que son al mismo tiempo inapropiados y perjudiciales, la selección adecuada de las fibras se producirá de forma natural. ¿No te estás preguntando por qué nos hemos equivocado? Si nuestro sistema motor ya sabe qué es lo correcto, ¿por qué continúa guiándonos incorrectamente? ¿Por qué se deja suprimir?

Nosotros lo suprimimos con nuestro «yo».

El «yo» hipotético

Lo que más interfiere en nuestro desarrollo motor es esta entidad hipotética (desde un punto de vista fisiológico) denominada «uno mismo». La localización exacta de esta entidad está todavía por definir y puede estar más en el terreno religioso que en el fisiológico, pero a pesar de todo, en nuestra fisiología tiene un impacto profundo en cómo desarrollamos nuestros patrones de movimiento. Es este «uno mismo» el causante de la mayoría de los problemas.

De niños, como todavía no estamos del todo identificados con el «uno mismo», es menos probable que interfiera en nuestros mecanismos del movimiento. Sin esta sensación clara de identidad que tenemos cuando somos adultos, dejando aparte las opiniones, creencias y demás, los centros cerebrales del niño no interfieren en el desarrollo de su coordinación. En ese momento, lo único que podría influir nocivamente en el desarrollo del movimiento sería el modelo que utiliza para aprender.

Aprendemos a caminar porque vemos a nuestros padres que caminan. Existe el caso de un niño que fue criado exclusivamente por lobos y que, en lugar de caminar erguido, lo hacía a cuatro patas como había visto hacer a sus padres lobos. Los modelos en los que se fijan los niños influirán profundamente en su manera de caminar. El que los niños se muevan como sus padres no es tanto una cuestión genética como de comportamiento adquirido, tal y como ilustra la Figura 3.5. El único patrón de movimiento de un niño está formado por una serie de componentes que se forman en el nivel primitivo de su sistema nervioso.

Figura 3.5. De niños imitamos inconscientemente
a nuestros padres.

Reflejos y programas de coordinación

Algunos de nuestros patrones de movimiento son tan primitivos que podríamos llegar a sacarlos de nuestro cerebro y seguirían funcionando, por lo menos durante un tiempo. Caminar no es una actividad «refleja» primitiva que se haga por sí misma sin un esfuerzo de aprendizaje. Caminar es un movimiento complicado que se compone de muchos niveles de actividad coordinada. Sin embargo, implica el uso de unos reflejos primitivos. En fisiología, un «reflejo» tiene un significado concreto, algo diferente al uso que le damos normalmente y que no voy a explicar aquí porque es demasiado complejo.

En lugar de eso, permíteme hacer una analogía con algo que te resulta más familiar: un concierto clásico. En este ejemplo, el concierto es una metáfora del caminar. Un concierto, igual que caminar, es una cosa enormemente complicada, pero si lo analizamos, podemos descomponerlo en diferentes movimientos que comprenden cada uno de ellos diferentes secciones y estas secciones comprenden, a su vez, combinaciones de melodías y acordes. Las melodías son series de notas en un orden determinado, y los acordes son notas que se tocan con unas combinaciones específicas. Ambos se tocan al mismo tiempo. Cada simple parte de un concierto se compone de notas y casi todo tiene acordes y melodías. Los temas tienen diferentes movimientos y los movimientos también tienen diferentes velocidades: *allegro* o *adagio*. Complicado, ¿no?

La acción de caminar es algo similar; en ella intervienen los reflejos automáticos primitivos, análogos a las notas de un concierto, e incluso también tiene diferentes velocidades, como saltar o correr. Todas estas son variaciones de la misma acción de caminar. Dentro de estos movimientos hay secciones: levantar una pierna y luego la otra sin perder el equilibrio. Además, dentro de cada una de estas acciones hay diferentes melodías y acordes: por ejemplo, una persona levantará más un pie hacia un lado y otra lo levantará más hacia el otro. Estas diferencias son temas que se repiten al realizar otros movimientos.

Un tema puede, por ejemplo, tener toda la información de cómo mover mi mano por el pelo para que todo el que me mire piense que estoy muy nervioso. Otro tema puede ser mover la mano por el pelo para que piensen que soy un auténtico holgazán. A pesar de la diferencia, ambos movimientos tienen notas y acordes muy similares; es decir, que hay unas secciones más pequeñas que se pueden unir para crear movimientos originales complejos, y ahí es donde los centros superiores del sistema nervioso juegan su papel.

Nosotros no controlamos los detalles minuciosos de estas secciones conscientemente; simplemente las organizamos a nuestra manera, según nuestra forma de ser.

Hemos nacido capacitados para ejecutar todos los acordes y notas que requieren estas actividades; nuestra misión es aprender a componerlas en combinaciones correctas.

Por ejemplo, poner todo el peso del cuerpo en los pies causará mecánicamente una tensión en las fibras de algunos músculos de los pies. Esto, a su vez, desencadenará una reacción denominada reflejo de estiramiento. Es como encender una carga: el peso del pie dispara la carga y la carga se convierte en el alimento que nutre otras reacciones que corren por el cuerpo hasta la cabeza y el cuello. El resultado final será que nuestros extensores mantienen nuestra postura erguida, pero esto es una cosa muy simple si lo comparamos con todo lo que ocurre en nuestro cuerpo para que podamos caminar.

El acto de caminar implica todo un sistema de ensayo y error que se origina en un nivel de organización superior de nuestro sistema nervioso, pero cuanto mayor sea el nivel en el que estemos construyendo, más oportunidades tendremos de influir en la manera de componer estas combinaciones. Una fuente principal del mal uso que hacemos de estas combinaciones es que los modelos que estamos imitando son por sí mismos ineficientes.

Los niños imitan deliberadamente a sus padres. Para caminar no tenemos que torcernos hacia la derecha, pero si un niño ve que su madre lo hace, él también lo hará. Estos patrones de coordinación se instalan en el núcleo de lo que creemos ser y son los más difíciles de cambiar. Si en el patrón primario de sostén de nuestros músculos de estar se instala desde la infancia este torcerse permanentemente, todos los demás movimientos tendrán como base este torcimiento.

Los patrones emocionales de coordinación

La teoría psicoterapéutica moderna dice que nuestros músculos almacenan emociones y, sobre la base de esta premisa, muchos de los que trabajan el cuerpo humano intentan liberar estas emociones almacenadas liberando los sentimientos y pensamientos retenidos desde hace tiempo en los músculos corporales. El aspecto de nuestro cuerpo que almacena esta emoción puede ser equiparado a los músculos de estar, y los temas de carácter que emergen (ver Figura 3.1) crean nuestra personalidad.

Si nuestros modelos son pobres, empezaremos mal y seguiremos también mal. Conforme nos vayamos haciendo mayores y empecemos a desarrollar una identidad más fuerte, empezarán a formarse ideas equivocadas que dirigirán nuestros movimientos corporales. Una mujer con la que trabajé tenía unos pechos muy grandes que le provocaban constantes dolores de espalda al intentar siempre ocultarlos encogiendo los hombros. Hasta que no fue capaz de aceptar que tenía los pechos grandes y dejar de ocultarlos, cosa que al principio le produjo un dolor emocional intenso, no consiguió resolver los problemas de espalda.

Otro ejemplo: una persona puede tener complejo de alta y encorvarse para parecer más baja. Esta acción, que surge de una imagen de sí misma deseada pero engañosa, da lugar a toda una serie de programas perjudiciales del movimiento que interfieren y acaban dominando el equilibrio inherente de la persona. De pronto, le está pidiendo a la musculatura que se ajuste a un cuerpo hipotético que ella misma ha fabricado. Me imagino que esto es un fenómeno que sólo ocurre en los humanos; no me imagino a un gato paseándose por la ciudad con complejo de alto.

De esta manera, continuamos añadiendo, torciéndonos, contorsionándonos, estirándonos y, generalmente, intentando remodelar y protegernos a nosotros mismos, especialmente si vivimos en un entorno emocionalmente abusivo y poco comprensivo. Hay quien tiene un patrón permanente de coordinación de encogerse. También podemos ver algunos perros haciéndolo. Quizás fuera una respuesta apropiada en circunstancias violentas, pero ahora que ya hace tiempo que ha cambiado este entorno emocional, se está perpetuando al convertirse en su propia causa mediante la proyección de sus expectativas en otros. Nos quedamos atrapados en esta respuesta de encogimiento habitual hasta que al cabo de unos años esta pseudorreacción innecesaria empieza a causarnos problemas físicos (y mentales) que ya no podemos ignorar.

Las clases de Alexander pretenden enseñar al alumno a ser consciente de estas pseudo rreacciones cuando se manifiestan en los movimientos y así poder eliminarlas. Intentar hacer más, haciendo por ejemplo el esfuerzo de mantenerse bien erguido, no es nunca el remedio a este tipo de problemas. Una persona necesita abandonar el hábito de encogerse pero ¡no desarrollando otro hábito de intentar no encogerse!

Alexander dijo:

> «...en lugar de tomar la decisión de no hacerlo, tienes que intentar evitar tú mismo hacerlo. Pero esto quiere decir que tú decides hacerlo, y después utilizas la tensión muscular para evitar tú mismo hacerlo».

Nuestro patrón fundamental de coordinación nunca se pierde; nos ha sido impuesto de tal manera que los hábitos perjudiciales bloquean todos los mensajes que intentan que volvamos a una coordinación equilibrada. Sólo cuando tomemos esta decisión de «dejar de hacer» conseguiremos restaurar el equilibrio.

El trabajo de Alexander es una mezcla extraña de prevenir una actividad innecesaria mientras nos dirigimos hacia una restauración. Las direcciones que Alexander ideó son simplemente descripciones de cómo nuestro cuerpo se coordina a sí mismo cuando se le deja hacer, y esto ocurrirá espontáneamente cuando nuestro «yo» hipotético deje de interferir. Paradójicamente, este mismo «yo» que es la causa de nuestras dificultades se convertirá en la clave de la recuperación.

Si has tenido que volver a leer este último párrafo quizás ha llegado el momento de describir una clase Alexander. En el siguiente capítulo presento una visión general de cómo funciona una clase: los diferentes métodos que utilizan los profesores, cómo elegir al profesor y cómo decidir qué es lo que mejor para ti.

4 Una clase Alexander

«Cuando se realiza una investigación se descubre que cada cosa que estamos haciendo en el trabajo es exactamente lo que se hace en la naturaleza, donde las condiciones son las adecuadas, la diferencia está en que aprendemos a hacerlo conscientemente».

F. M. ALEXANDER

Hay tres razones por las que la gente sigue las clases de la técnica Alexander. La primera, y la más común, es la necesidad de curar algún dolor: puede ser un dolor de espalda, un agarrotamiento doloroso continuado, o simplemente estrés o tensión. La segunda es por razones profesionales: músicos, actores, cantantes, atletas y otros profesionales que buscan la excelencia han encontrado en las clases de Alexander una ayuda impresionante en el desempeño de su función. La tercera es para mejorar simplemente: uno se da cuenta de que le falta equilibrio o de que es patoso y desgarbado, y quiere mejorar su sensación de confianza.

Los factores claves del éxito de las clases son: tener claro el motivo y tener una fuerte motivación. Esto, y el profesor que elijas. Sea cual sea el motivo que te haya llevado a asistir a las clases de Alexander, es sumamente importante que elijas al profesor adecuado. No todos los profesores son adecuados para todas las personas porque todos somos diferentes. ¿Verdad que no todo el mundo es amigo tuyo?

Al final, lo que de verdad importa es la persona, no el estilo de enseñanza.

Un segundo punto a considerar es que muchos profesores se forman después de haber desarrollado una carrera profesional. Por ejemplo, muchos músicos que tienen problemas deciden formarse como profesores de la técnica Alexander. También te puede pasar a ti. Si eres músico tiene mucho sentido que vayas a un profesor que entienda lo que implica tu profesión. Yo era actor antes de formarme y por eso me especialicé en los problemas típicos a los que se enfrentan los actores en sus actuaciones. Otros profesores son jinetes, atletas, asesores...; por eso es conveniente preguntar sobre la treyectoria profesional del profesor, a la hora de elegir.

Los profesores empiezan dando una primera clase sin compromiso; si no es así, no se fíe. Durante esta primera clase tendrás la oportunidad de comentar tu situación, determinar el coste, frecuencia y número de clases, así y como los resultados que esperas obtener. También tendrás la oportunidad de evaluar si te sientes a gusto con ese profesor y su trabajo. Veamos con más detalle cada uno de estos puntos.

La elección del profesor

El trabajo de Alexander es muy personal, casi íntimo.

El profesor acabará sabiendo mucho de ti, pero tú muy poco de él. No es que te vaya a preguntar sobre temas personales, porque no son consejeros sino educadores, pero sí que te hará preguntas para averiguar la esencia de tu actitud y tu manera de enfocar la vida. Piensa que estás ahí para cambiar los hábitos de toda una vida. No es que tengas que contar el contenido de las experiencias de tu vida, como ocurre en una terapia, sino el *modus operandi* de tu vida: cómo te van las cosas, cómo te enfrentas al éxito y al fracaso, qué te produce ansiedad y miedo, cómo te enfrentas a los retos...

No puedo contar el número de profesores cuyo trabajo he experimentado personalmente porque son muchos. Algunos me han ayudado a crear una sensación de ser más «yo mismo», mientras que otros me han dejado una sensación de cómo eran ellos. Algunos no han tenido prácticamente ningún efecto sobre mí, mientras que otros me han provocado emociones muy profundas que normalmente nunca habría tenido.

Los efectos que un profesor puede tener en un alumno dependen de tres factores:

1. Su habilidad como profesor

2. Tu receptividad como alumno

3. La química entre ambas personalidades

La habilidad del profesor

El trabajo de Alexander es un proceso educacional; por lo tanto, seguro que aprendes algo, incluso el primer día. Algunos profesores insisten en que el trabajo de Alexander es demasiado complicado, que está demasiado basado en la experiencia, y que es ingenuo pensar que alguien pueda aprender algo en tan solo una clase. Yo no estoy de acuerdo. Gracias a mi profesora Marj, puedo afirmar que el trabajo es sencillo, ¡son tus viejos hábitos los que son complicados!

El aprendizaje no es intelectual, sino ontológico. El trabajo práctico de Alexander afecta a tu ser, al sentido de ti mismo. Tal como dijo un profesor, dejas de ser lo que te imaginas que eres y empiezas a ser quien eres. Es un cambio de paradigma que desafía nuestra concepción habitual del aprendizaje.

Evidentemente no todas las clases son tan profundas como esto. A lo mejor solo aprendes una cosa simple; por ejemplo, que el hábito de tirar la cabeza hacia atrás siempre es lo que produce rigidez en el cuello. En cierto sentido, este aprendizaje puede tener mucho más valor práctico que la «gran experiencia». Sea como sea, tu profesor siempre podrá transmitirte algo y no dejarte completamente desconcertado, aunque el trabajo siempre sea un tanto misterioso por el mero hecho de que somos humanos.

Tu receptividad como estudiante

Tu receptividad como estudiante es más importante de lo que crees porque el éxito de las clases depende directamente de ella. De hecho, un buen profesor no te hace nada, aunque te parezca y sientas que sí. Más adelante ya explicaré que lo que hace el profesor es inducir a tu sistema nervioso a comportarse de una manera determinada. Para que el resultado sea exitoso, tú tienes que colaborar. Si eres cínico, buscas los fallos y esperas obtener pruebas de un resultado negativo, seguramente las encontrarás.

Es tan sutil el trabajo de Alexander que al principio hay quien piensa que no le está cambiando nada y que todo es un gran fraude. Cuando yo era joven y empezaba a dar clases tenía miedo de que mis alumnos pensaran eso. Un amigo mío al que di clases me dijo que durante el primer año de las clases no sintió gran cosa, de manera que a ti también te puede ocurrir. Si no tienes la mente abierta, es muy posible que no sientas nada de lo que te ocurre y que pienses que todas esas cosas de «nuevas experiencias» y «dar direcciones» no son más que verborrea psicológica. Mi amigo, que era bailarín, persistió porque creía que iba a conseguir algo y estaba decidido a descubrirlo. La motivación lo es todo.

También he tenido la mala suerte de trabajar con alumnos que han venido no por voluntad propia, sino porque su compañía de seguros o su empresa les había insistido en que asistieran a estas clases. No es buena idea; estos alumnos han sido los más difíciles que jamás he tenido porque simplemente no querían estar ahí. Lo lógico sería pensar que puesto que la mayoria de ellos sufrían muchos dolores estaban desesperados por obtener la ayuda que fuera.

Por lo menos, eso era lo que yo ingenuamente pensaba cuando asumí ese proyecto hace muchos años. Para mí fue una gran lección y ahora intento siempre ayudar a mis alumnos a que encuentren lo que quieren exactamente de sus clases. Es una gran diferencia que afecta a la manera de enseñarles, así que es muy importante. Te aconsejo que antes de ir a tu primera clase pienses un pocó en qué es lo que quieres conseguir exactamente y que se lo digas a tu profesor.

La química de ambas personalidades

Hay personas que quieren que les hables; otras no. Hay alumnos que quieren complacer a sus profesores, a otros no les importa lo más mínimo. Todos somos diferentes y la pedagogía de los profesores de la técnica Alexander así lo refleja: hay todo tipo de profesores y de estilos de enseñanza.

Si tú eres de los que sólo quieren absorber lo que está ocurriendo y escuchar, no te juntes con un profesor que te empuje constantemente a hacer algo, especialmente si esto te crea ansiedad. Si sientes ansiedad durante una clase, no estás con ánimos de aprender nada. En una ocasión decidí emplear un estilo más agresivo exigiendo a mis alumnos que asumieran ellos mismos la responsabilidad y desafiándoles a que me dijeran qué pensaban ellos que estaba ocurriendo. Después me di cuenta de que excitar los reflejos del miedo de un alumno no era una manera inteligente de ayudarles a asumir la responsabilidad, así que suavicé de nuevo el estilo y volví a ser más paciente.

¿Es tu profesor paciente contigo? Es importante que sientas que tienes espacio y tiempo para cometer errores. De lo contrario, entrarás en un modo de comportamiento de intentar complacer, que es fatal para las clases. En las clases aprendes a cambiar los hábitos de toda una vida y para ello es importante tener una sensación de apoyo; este apoyo, no obstante, puede aparecer de diferentes maneras dependiendo de tu actitud personal.

Por ejemplo, a mí me gustan los profesores que llaman a cada cosa por su nombre. Mi profesora Marj era así. Incluso llegué a tener un profesor que me pegaba si me salía de la fila. A veces en broma, pero otras muy en serio, me regañaba e incluso me pegaba, algo que actualmente casi nadie tolera. Piensan que el tipo de comportamiento de Marj no era correcto. Pero yo no reaccionaba así. Primero, pensaba que ella había nacido en 1899 y por tanto había crecido con unos valores muy diferentes a los míos. Segundo, y más concretamente, sabía que las acciones de Marj no tenían otro motivo que ayudarme a aprender, y yo quería aprender. No había ira detrás de sus bofetadas, sólo compasión. Así que, ningún problema. No me hacía daño, evidentemente, y yo lo veía como algo bastante divertido. Nos reíamos juntos.

Alexander era conocido por haber expulsado de sus clases a alumnos por no prestarle atención. Actualmente esto no pasa; los profesores podrían ser denunciados por ello, pero yo me habría divertido si me hubiera ocurrido. A lo mejor a ti no te gusta, a lo mejor yo soy un poco retorcido, ¿quién sabe? No se trata de juzgar, sino de hacer lo que más te conviene ahora.

Los profesores son seres humanos y pueden ser tan inseguros como cualquier persona; así que asegúrate de que haya química entre vosotros dos. Si la hay, tus experiencias en las clases serán mucho más profundas. Si no, siempre estarás protegiéndote a ti mismo y la protección no es más que un tipo de tensión. Las clases de Alexander son diferentes a cualquier otra clase, por lo que es importante que escojas al profesor adecuado antes de empezar a asistir regularmente.

El trabajo práctico del profesor

El profesor te tocará. Continuamente. ¿Cómo te sentirás?

Te voy a contar una pequeña historia que demuestra lo especial que es que el profesor te toque con sus manos. Durante años he realizado muchos experimentos con caballos utilizando la técnica de imposición de manos que se usa en las clases Alexander. De hecho, a la mayoría de ellos les encantaba: me acariciaban con la cabeza para que continuara tocándoles. Es una experiencia apasionante. Sin embargo, noté una curiosa resistencia: no les gustaba que les tocara donde les dolía, como se toca en las clases de la técnica Alexander. Lo extraño de esto es que no les importaba que les golpeara o les sobara si lo hacía de una forma natural pero en cuanto ponía las manos como con la técnica Alexander, se apartaban. Era como si instintivamente supieran que esas manos iban a cambiarles por dentro de una forma que un golpe o una caricia normal no haría nunca.

El trabajo de las manos de Alexander te cambia por dentro; calibra los programas de coordinación autómatas y, con ayuda de un profesor cualificado, sientes que ocurre. Cuanto más cualificado sea el profesor, menos tendrás que pensar en ti mismo. Hay una historia de los últimos años de Alexander que cuenta que saliendo de una clase miró sus manos y notó algo que le decía que ya no necesitaba que sus alumnos pensaran porque sus manos lo harían por ellos.

Yo suelo entrenar a los profesores de la técnica y llevo muchos años haciéndolo. En sus primeras clases les enseño a imponer las manos sobre manos en el alumno para:

1. Escuchar

2. Invitar

3. Hablar

Analicemos a continuación cada una de estas funciones. Como alumno, te va a ayudar a entender lo que el profesor pretende hacer con sus manos. Es algo único.

Manos que escuchan

Todos los profesores tienen que formarse en escuchar sus manos. Es difícil explicarlo si nunca has asistido a una clase pero la mejor metáfora que se me ocurre es esta. Imagínate que estás usando tus manos para mantener un objeto en equilibrio a través de su eje tal como muestra la Figura 5.1. No pretendes aguantar su peso, ni que se incline, porque se caería. De esta manera, tú y el objeto mantenéis un equilibrio independiente.

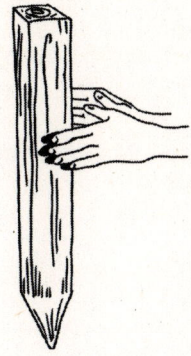

Figura 4.1. Escuchar las manos. Cuando el objeto se balancea puedes mantener el equilibrio sintiéndolo y contrarrestándolo antes de que se incline más y tengas que aguantar su peso.

Al mismo tiempo, al existir esta independencia entre ti y el objeto, se produce paradójicamente una interdependencia del equilibrio. Por ejemplo, cada vez que el objeto empieza a perder el equilibrio, tú lo corriges. Cada vez que sientes que está inclinándose demasiado y empieza a caer hacia un lado, también lo corriges. Solamente escuchando el equilibrio del objeto eres capaz de hacer estas continuas correcciones. Cuanto antes sientas el cambio y lo contrarrestes, menos esfuerzo tendrás que hacer.

Los profesores están entrenados a escuchar tu coordinación de esta manera. Pueden recoger una gran cantidad de información sobre los cambios que están continuamente ocurriendo en tu coordinación y, con esta información, pasan a utilizar el segundo aspecto de su habilidad.

Manos que invitan

Cuando llegues al capítulo 6 aprenderás una amplia variedad de direcciones en las que puede mover tu cuerpo mientras estás de pie. Estar de pie es una actividad, un proceso de ajuste y reajuste. Sir Charles Sherrington, Premio Nobel de Medicina de principios del siglo XX que hizo comentarios muy favorables sobre el trabajo de Alexander, dijo en una ocasión que cuando el ser humano está de pie está constantemente a punto de caer. Si nos fijamos en los niños cuando empiezan a caminar constatamos claramente esta afirmación. Esto es lo que un bailarín americano contemporáneo denomina «la danza interior».

Las manos del profesor de la técnica Alexander están siempre escuchando esta danza interior que el alumno está haciendo constantemente: la cabeza cae hacia atrás, el cuello empuja hacia abajo, la caja torácica se encoje y arquea la zona lumbar, las caderas empujan hacia delante, las rodillas se tensan. Estos son sólo unos pocos ejemplos de todas las variaciones posibles que contienen cada uno de estos movimientos.

Una vez conoce el patrón de coordinación que el alumno utiliza, el profesor utiliza sus manos para hablar directamente a su sistema nervioso y le invita a hacer un tipo diferente de danza interior, que no cause tanta presión ni tensión en su cuerpo. Esta invitación puede resultar un tanto compleja puesto que cada segundo miles de millones de neuronas motoras están causando una excitación de miles de millones de fibras musculares en respuesta a miles de millones de condiciones que cambian continuamente. Es sorprendente que las manos de los profesores puedan decir algo. Los profesores necesitan tres años de formación para adquirir esta habilidad básica en sus manos, que irán perfeccionando con los años.

¿Por qué el profesor no te pide directamente que te coordines tú mismo de la misma manera que sus manos te invitan a hacerlo? ¿No sería más rápido que todo este lío del trabajo de sus manos? Un buen profesor lo hará, pero no antes de haber usado sus manos para inducir en ti la sensación de coordinación que él quiere que experimentes. La razón es simple: tú no eres quien te coordinas a ti mismo. Me explico: ¿controlas tú realmente, o incluso sientes, todos estos cambios sutiles que ocurren cada segundo en tu cabeza, cuello, pecho, pelvis, brazos, piernas y mandíbula mientras estás leyendo este libro? ¿Puedes sentir todo lo que está ocurriendo en este momento? Por supuesto que no. No tenemos ni idea de lo que está ocurriendo. De hecho, según palabras de Alexander, «no sabemos el uso que hacemos de nosotros mismos, como tampoco lo saben los perros o los gatos».

Algo está guiando esta danza interior, y si no eres tú, ¿quién es? Bueno, por supuesto eres tú, pero no en el aspecto consciente, voluntario, con el que nos identificamos la mayoría de nosotros. Esta danza interna está controlada por los centros cerebrales que hay debajo del nivel consciente o cortical, en centros con nombres extraños como ganglio basal, mesencéfalo y metencéfalo. Afortunadamente, estos centros están abiertos a las sugerencias, y por eso las manos del profesor les invitan a danzar juntos de una forma integrada. Si las cosas van bien y tú cooperas con esta invitación, enseguida notarás un cambio en tu cuerpo. Esta es la sensación a la que tu profesor está invitándote a experimentar.

Manos que hablan

Si las manos del profesor no consiguen entrar en tu mente, nunca cambiarás. Es por esto que tu colaboración es esencial. Hay pocos profesores en el mundo que posean la habilidad que se sabe que Alexander tenía en sus manos. Era capaz de sacarte de una silla colocando una mano en la parte superior de la cabeza y después, literalmente, levantarte con la fuerza de la dirección de sus manos. Me contaron que parecía que te estuviera aspirando milagrosamente de la silla sin tu ayuda.

Yo mismo lo he experimentado, pero cuando las manos del profesor son de verdad efectivas, son capaces de decirle a tu coordinación qué ha de hacer. Te quedarás sorprendido al ver cómo tu cuerpo se transforma sin que tú aparentemente hagas algo. Esto es la cosa más destacable de lo que sientes y lo que hace que la gente se vuelva adicta a las clases. ¡Es una sensación tan agradable!

Sin embargo es importante, y esto es algo que siempre advierto a los profesores, que el hablar con las manos no se convierta en un empujar con las manos. No es una experiencia agradable que el profesor te manipule hacia un patrón de coordinación que él piense que es adecuado para ti. Puedes acabar una clase sintiendo lo que quiere el profesor pero entonces no eres tú. Esto ocurre cuando el profesor es impaciente o un poco mandón, o cuando está demasiado convencido de sus ideas sobre lo que está bien y mal. Tú tienes que ser el juez de esto. Las clases tienen que darte beneficios tangibles, así que si lo están haciendo, adelante.

El quid de la cuestión es que un buen profesor no sabe qué es lo más adecuado para ti; sería demasiado presuntuoso, pero por desgracia hay muchos practicantes de todo tipo que creen saberlo. Lo que sabemos nosotros, los profesores de la técnica Alexander, es qué es beneficioso para ti. Alexander dijo:

> «Saber cuándo nos equivocamos es todo lo que deberíamos saber en este mundo».

Se trata de aprender a dejar de hacer lo que no es correcto para comenzar a hacer lo correcto. Para conseguirlo, las manos del profesor hablan directamente con tu sistema locomotor mientras que sus palabras apelan a tu mente consciente; de esta manera, ambos aprendéis a prevenir el mosaico de movimientos inapropiados que han provocado esa dolencia que te ha llevado a asistir a las clases. Mi profesora Marj solía recordarnos que «lo único que conseguiréis es la ausencia de lo que tenéis». Y después nos guiñaba el ojo.

La clase real

Dependiendo de la procedencia del profesor, la clase puede ser de una manera o de otra. Aquí describiré los componentes centrales de una clase cualquiera, independientemente del estilo que emplee el profesor. Quizás encuentres a faltar alguno de estos componentes en tus clases; si es así, pregúntate: ¿Estoy aprendiendo? Si la respuesta es sí, continúa con ellas. Cada profesor tiene derecho a desarrollar su propia metodología y puede que esta no sea exactamente como yo la describo aquí. Suerte de la variedad. Así es como yo hago una clase.

Cada clase tiene el objetivo de ofrecerte una sensación nueva. Esta es la sensación de que te estás coordinando de una manera desconocida pero más sencilla y natural. Un buen profesor te dejará sentir esta sensación en la primera clase. No obstante, si en toda la clase no haces más que esto, es que no es buen profesor.

Lo más importante es que cada clase pretende poner esta nueva sensación dentro de un contexto que tú conoces. Tú estás ahí para aprender a generar esta sensación por ti mismo. Estos dos elementos se consiguen mediante la interacción delicada de tres procesos:

1. La observación

2. La interpretación

3. La experimentación

Estos tres procesos se aplican, a su vez, a tres tipos de actividades que en la jerga de Alexander se conocen como:

1. El trabajo con la silla
2. El trabajo en la mesa
3. Las actividades

Te voy a dar una breve descripción de estas tres actividades y después estudiaremos cómo la observación, la interpretación y la experimentación se relacionan entre sí para conseguir los dos resultados de una clase.

El trabajo con la silla

Esta es una actividad clásica alrededor de la cual la mayoría de los profesores centran sus clases. Se trata de sentarte y levantarte de una silla con ayuda del profesor y obtener cada vez un resultado nuevo. En una ocasión, tuve un alumno mayor, excéntrico, con un gran bigote, que cuando estaba saliendo de la clase se detuvo de repente, se volvió hacia mí, miró a la silla, movió la cabeza y exclamó: «¡Qué extraordinaria manera de ganarse la vida!».

Es extraordinario. ¿Dónde más pagarías tanto dinero para aprender a levantarte de una silla? Sobre esto Alexander comentó:

> «No es el hecho de sentarse y levantarse de una silla, aunque sea en las mejores condiciones, lo que importa; esto es cultura física simplemente; por lo que respecta a hacer movimientos lo que cuenta es lo que has estado haciendo en la preparación».

En realidad, no estás aprendiendo a levantarte de una silla. Esto no es más que un mecanismo, un método, no un fin por sí mismo. Estás aprendiendo a inhibir una reacción inapropiada a un estímulo (en este caso sentarte o levantarte) para comenzar a hacer otra que es más beneficiosa. Una vez aprendido este procedimiento, podrás aplicarlo en cualquier sitio, en cualquier momento, en cualquier cosa. Alexander dijo:

«Si aplicas el principio para realizar una evolución, habrás aprendido mucho».

El trabajo en la mesa

A los alumnos les encanta el trabajo en la mesa. Se trata de estirarte boca arriba en posición semisupina, con las rodillas dobladas y la cabeza apoyada en unos libros, mientras que el profesor te ayuda con delicadeza a estirar el torso, los brazos y las piernas. En el capítulo 5 y con el título «Procedimiento semisupino» hay una descripción más detallada. *Véase* también Figura 5.4.

Algunos profesores trabajarán en esta actividad en silencio, mientras que otros hablarán de todo. Algunos te darán instrucciones de qué pensar y otros te pedirán que participes activamente en los diferentes procedimientos y actividades, todo mientras tú estás echado boca arriba en posición semisupina.

Alexander hizo poco trabajo en mesa aunque no estaba en contra. Se dice que comentaba a los profesores que si no podían conseguir lo que querían con los alumnos de pie, los estiraran en una mesa. Alexander era tan bueno que no necesitaba hacer este trabajo en la mesa. ¡Me imagino que podía conseguir muchos más cambios con sus manos en un minuto que yo en treinta! A pesar de que nos llamamos profesores de la técnica Alexander no todos somos como él, así que muchos tenemos que emplear el trabajo en la mesa en nuestras clases.

Mi visión personal de este trabajo es que a veces los alumnos se apegan demasiado a él. Es un trabajo más terapéutico que educacional y, aunque no hay nada malo en ello, las clases pretenden enseñarte algo, no solamente hacerte sentir bien. He oído de profesores que solamente hacen este trabajo en mesa y esto me sorprende. No estoy muy seguro de cómo una persona puede aprender a coordinarse a sí mismo estando pasivamente echado en una mesa todo el tiempo. Sé que algunos profesores dicen que sí que se puede. El propio Alexander solía ponerse serio con los alumnos que pasaban demasiado tiempo en posición semisupina y enviaba a sus ayudantes a que les levantaran con el comentario: «Aquí solamente están vagueando». Disfruta el trabajo en mesa, pero piensa que no es tanto un sustituto como una ayuda al trabajo real de tus clases.

La posición de semisupino, sin embargo, es probablemente la que tendrás más fácil para practicar rutinariamente por tu cuenta. Esta es otra de las cosas sorprendentes de las clases: aunque existen muchas actividades diferentes que explorar, no hay una serie de ejercicios que te puedas llevar a casa y enseñarle a otros o practicar por tu cuenta.

Si le explicas a alguien lo que ocurre en tus clases seguramente se quedará atónito. Las clases pretenden cambiar el estado de tu conciencia y, como tales, se entiende en mejor a través de la experiencia. Las clases te enseñan a aplicar los tres procesos (observación, interpretación y experimentación) con la finalidad de obtener esta experiencia, independientemente del tipo de actividad que estés haciendo.

Actividades

Una de las actividades es el trabajo con la silla, pero además de esta hay muchas otras que se pueden realizar: caminar, inclinarse y hacer cosas con los brazos. Aunque la mayoría de los profesores no exploran mucho más que estas, Alexander tampoco lo hizo. Recuerda que lo que tienes que aprender son los principios que se usan para cambiar tu coordinación y no la propia actividad. Al final, no importa la actividad que realices.

Dicho esto, vale la pena estudiar los descubrimientos de Alexander en relación con actividades especializadas como tocar un instrumento musical, bailar, hacer conservas o cualquier otra actividad que realices diariamente. Vale la pena porque si examinas esto en tu clase, la propia actividad te servirá como recordatorio para aplicar lo que estás aprendiendo. En una ocasión vi como mi profesora ayudaba a una mujer a poner batas. Pregúntale a tu profesor si puedes hacer alguna actividad con él. Aunque muchos no están acostumbrados a enseñar así, seguro que no les importa investigarlo contigo.

Observación

Mi profesora Marj me dijo en una ocasión: «Yo no enseño nada a mis alumnos hasta que se han observado a sí mismos». Así pues, al principio de la clase te pedirán que mires cómo es tu coordinación cuando te sientas y te levantas de la silla. Esto puede hacerse antes de que el profesor trabaje contigo o después. A lo mejor te sorprende esta petición. ¿Qué se supone que tengo que observar?, te preguntarás.

Los alumnos suelen decir cosas como «he empujado hacia arriba para levantarme» o «me he sentido muy rígido». Por supuesto, esto no son observaciones, son interpretaciones. El primer aspecto de tu aprendizaje es apreciar la diferencia entre observación e interpretación. Si dices algo como «he empujado hacia arriba», ¿qué has empujado? Has de ser específico. ¿Los brazos? ¿Las piernas? Si dices algo como «ha sido difícil», esto no es una observación, es una opinión subjetiva basada en tu experiencia.

¿Qué experiencia real has tenido? ¿Puedes describirla? ¿Cuáles han sido los elementos que te han llevado a interpretar tu experiencia de «difícil»? Si llegamos a conocer estos elementos, podremos alterarlos o, por lo menos, probar de alterarlos.

Con mis alumnos utilizo una definición de observación que es la siguiente. Les pido que se imaginen que están explicando lo que hacen a una persona ciega. Palabras como «difícil» y «empujar» son difíciles de imaginar con precisión, pueden querer decir cualquier cosa, pero si dices algo así como «he juntado las rodillas y he levantado los hombros mientras presionaba hacia abajo las manos con los muslos», la persona ciega entenderá mejor lo que has hecho en lugar de lo que has sentido.

Mi profesora me enseñó que un aspecto de una clase Alexander es que has de aprender un lenguaje nuevo. Desarrollas un vocabulario con el cual podrás navegar con confianza por el terreno de tu coordinación. Un cirujano amigo mío me dijo una vez que un taxista de Londres sabía lo mismo que él: ambos conocían el nombre, lugar y conexión de cientos de objetos y usaban este conocimiento para ayudar a los demás. El principio era el mismo, dijo; lo único que les diferenciaba era el vocabulario, sus objetos y lo que hacían. En este sentido, las clases de Alexander definen poco a poco un vocabulario nuevo; en este caso, los objetos son las sensaciones y los movimientos.

El proceso de observación trata de dar nombre a todas estas sensaciones nuevas, diferenciar categorías y crear descripciones que antes no existían. Poco a poco, y sobre la base de estas observaciones, iremos desarrollando un vocabulario para entender y comunicar mejor nuestra coordinación.

De todas formas, las observaciones por sí solas no son demasiado útiles. Tienen que entenderse dentro de un contexto más amplio. Llega un momento en que es necesario considerarlas y preguntarse: ¿cómo he de interpretarlas?

La interpretación

«Esta silla es incómoda». ¿Cuántas veces hemos oído decir esto? Cada día hacemos afirmaciones de este tipo. Seguramente tú también. Sin embargo, detrás de esta visión hay una interpretación que es totalmente inútil, porque te impide tener el control directo al hacer que la silla sea más poderosa que tú. No quiero decir con esto que sea mentira, sino que es una interpretación y, por lo tanto, es tan real como tú quieres que sea.

¿Cuál sería una interpretación alternativa? Y si dijeras: «Hay algo que hago cuando me siento en esta silla que me produce incomodidad». En este caso el responsable ya no sería la silla sino tú. Asumes tu propia responsabilidad y dejas de culpar a esa cosa inanimada. Seguramente, es más incómodo vivir con esta responsabilidad pero, por lo menos, te ofrece una válvula de escape; en esta interpretación hay implícito un tipo de acción diferente que está a tu disposición.

Ahora, en lugar de gastar tus energías buscando la silla perfecta, podrás dedicar tu tiempo más eficientemente a descubrir qué es lo que te provoca esa incomodidad y dejar de hacerlo. Piénsalo así: ¿Tienen todos los que se sientan en esa silla la misma sensación de incomodidad que sientes tú? Por supuesto que no. Esto indica que no es realmente la silla la que provoca esa incomodidad sino que eres tú; es algo que *tú haces* en reacción a la silla. Tu profesor te ayudará a descubrirlo, y la manera que utilizará para descubrir qué es lo que tú haces es experimentando diferentes sensaciones al sentarte en la silla siempre con ayuda de sus manos.

La experimentación

No se puede saber la calidad de algo hasta haberlo probado. A mí, personalmente, me encantan los alumnos que piensan: «Esta silla es incómoda» y trabajo con ellos hasta que la encuentran cómoda. Después les pregunto: «Por cierto, ¿sigue haciéndote sentir incómodo la silla?» Ahora que ya la siente cómoda, es cuando el alumno se da cuenta de los defectos en su anterior manera de pensar y empieza a asumir la responsabilidad de otras de sus experiencias.

El procedimiento que se sigue es un ejemplo de un experimento diseñado para cambiar la interpretación o la manera de pensar del alumno. En una buena clase se realizarán muchos de estos experimentos en los cuales se desafían las ideas habituales del alumno con otras experiencias nuevas, para hacerle replantearse su reacción habitual y que tome la decisión de responder de diferente manera en el futuro. Alexander dijo:

> «Todo se reduce a inhibir una reacción particular a un estímulo determinado. Pero nadie lo verá así. Todos lo verán como sentarse y levantarse de la silla de la forma adecuada. No es nada de eso. Se trata de que el alumno decida qué consentirá o no consentirá hacer».

En las clases, entenderás cómo aplicar los conceptos de dirección, inhibición y percepción sensorial defectuosa en tu día a día. Aunque ya he analizado estos tres conceptos al hablar de la historia de Alexander en el capítulo 2, volveré a mencionarlo aquí pero ya en el contexto de una clase.

La dirección

Esta palabra puede tener múltiples significados, incluso en el contexto de los descubrimientos de Alexander. En una clase, la dirección se refiere principalmente a las cuatro direcciones que se explican con más detalle en los capítulos 3 y 6: el *cómo* y el *qué* piensas. Los profesores también hablan de «hacer» y «dejar de hacer» cuando hablan de dar direcciones. El término «dirección» también tiene otros significados implícitos más sutiles. Ya te he advertido que tendrás que aprender todo un vocabulario nuevo.

Dar direcciones son las que todos dan cuando dicen: «Siéntate derecho», «tira los hombros hacia atrás», «levanta el pecho», etc. Todas estas se podrían definir como ideas que provocan deliberadamente rigidez en los músculos.

Las direcciones de «no hacer» o «dejar de hacer» son por naturaleza inhibidoras. Lo que pretenden es evitar determinados patrones de contracción; así pues, se pueden definir como ideas que provocan la inhibición de las contracciones innecesarias.

La inhibición

Observa que he utilizado esta palabra en la última frase: «la inhibición de las contracciones innecesarias». Igual que ocurre con la palabra «dirección», el término «inhibición» también tiene múltiples significados, incluso en el contexto Alexander. Cuando hablamos de los músculos inhibidores, tenemos que entender que la inhibición hace referencia a una función biológica positiva de determinadas neuronas motoras. No podemos equipararla con la supresión, que es una cosa diferente. Resumiré ahora parte de la información del capítulo 3.

La excitación y la inhibición son dos nombres técnicos que los fisiólogos utilizan para describir la función de una neurona motora, uno de los componentes esenciales de nuestro sistema locomotor. Antes de descubrir la inhibición, los fisiólogos pensaban que las neuronas motoras sólo excitaban los músculos para que se contrajeran. Fue un descubrimiento bastante revolucionario el descubrir que había neuronas motoras cuya función era inhibir la contracción del músculo.

Alexander descubrió esto empíricamente bastante antes de que los fisiólogos lo descubrieran en el laboratorio. Se dio cuenta de que al inhibir una serie de reacciones, se podía introducir un nuevo de coordinación. Por decirlo de otra manera, se podía introducir una serie nueva de contracciones al inhibir otras antiguas. Alexander dijo:

> «No puedes hacer lo que no sabes si sigues haciendo lo que sabes».

Así pues, en las clases de Alexander, lo *primero* que haces es descubrir cuáles son las direcciones habituales que te estás dando, y *después* aprendes a inhibir estas direcciones para *sustituirlas* por las nuevas que te enseñará el profesor con sus manos.

Existe otro significado más profundo de la inhibición, que va más allá de la fisiología, aunque este sigue siendo la base de cualquier cambio que hacemos. Cambiar un simple hábito de coordinación implica abandonar una identidad que hemos ido desarrollando en nosotros mismos, con todas las complejidades emocionales inherentes. En el capítulo 3, bajo el título «Patrones emocionales de coordinación» he hablado de esto con más detalle, pero en esencia, lo que quiere decir es que esta identidad es una visión falsa de nosotros mismos, una visión que está basada en nuestra apreciación sensorial, y que puede ser la causante del problema que nos ha llevado a las clases de la TA. Alexander dijo:

> «El concepto de apreciación sensorial: no puedes saber algo si utilizas el instrumento equivocado».

La apreciación sensorial equivocada

Es de suma importancia entender este concepto de Alexander. El aspecto clave de este concepto es que afirma que tu apreciación o interpretación del suceso está equivocada, lo que no quiere decir que tu percepción del suceso real esté equivocada. Esto es un ejemplo de que nuestras observaciones y las interpretaciones que hacemos de ellas se juntan y aparecen en nuestra mente como la misma cosa, cuando en realidad son dos cosas diferentes.

Si hablamos en términos psicológicos lo entenderemos mejor. Si Beatriz le dice a Pedro, Marta y Laura que estén tranquilos, esto es un evento. Ninguno de los cuatro discutirá que Beatriz ha dicho eso. Por lo tanto, no hay nada defectuoso en su sentido del oído ni de la vista. Sin embargo, ¿cómo interpreta cada uno de ellos este evento? Tony piensa que Beatriz es muy mandona y que lo dice por él. Sally, en cambio, es feliz, porque entiende que Beatriz está intentando ayudarles a todos. Ingrid está confusa; justo acaba de conocerles y no sabe por qué Beatriz dice eso. Un evento, tres percepciones diferentes. ¿Quién tiene razón?

El criterio para determinar quién tiene razón es muy complejo, incluso imposible de definir. Afortunadamente, en el tema de nuestra coordinación es fácil definir lo que es correcto. Lo que es correcto es lo que nos conduce hacia la libertad, la flexibilidad y la buena salud en general.

De todas formas, muchas ideas sobre qué es lo correcto en este sentido no coinciden con esta definición. Un ejemplo es que mucha gente tiene la sensación de que tumbarse es relajante. ¿Relajante? ¿Estar tumbado? ¿Desde cuándo estar tumbado durante dos horas te deja la sensación de estar relajado? Piensa en ello. Te quedas rígido, cansado y dolorido después de estar tumbado. Es una idea rara pensar que estar tumbado es relajante.

Sin embargo, esta es la apreciación que tenemos de este hecho; es lo que pensamos cuando nos tumbamos y, en la terminología de Alexander, esta apreciación o pensamiento es errónea. Nosotros sentimos que nos relajamos cuando nos tumbamos, pero la evidencia objetiva dice todo lo contrario. Incluso sabiéndolo, seguimos sintiéndolo. Tenemos que reeducar esta sensación o creencia. Necesitamos las lecciones de Alexander.

Hay un relato del trabajo de Alexander con una joven que se movía mal pero que después de una clase corrió hacia su madre llorando: «¡Mamá, mamá, este hombre me ha encorvado!». Está claro, ella se sentía encorvada porque su idea de estar derecha era estar encorvada. Alexander la estaba poniendo derecha ofreciéndole la experiencia de lo que era estar derecha. Así lo explicó Alexander:

> «Todos los tontos del mundo creen que están haciendo lo que piensan que hacen».

Este fenómeno de la apreciación sensorial equivocada es el mayor obstáculo para cualquiera que intente trabajar por sí mismo, sin la ayuda de un profesor. En términos de Alexander, tu idea de lo que es correcto es precisamente lo que tienes que cambiar. Para que el cambio sea exitoso primero tienes que, experimentar lo que está equivocado de lo que crees que es lo correcto, lo que es difícil de hacer uno mismo. Alexander dijo:

> «Todo el mundo quiere estar bien, pero nadie se detiene a considerar si su idea del bien es correcta».

¿Cuántas clases?

Cuando alguien me hace esta pregunta, le pregunto: ¿Cuántas clases necesitas para aprender a tocar el piano?

Aprender a tocar el piano no es más complicado que aprender a coordinar el cuerpo, así que la pregunta es: ¿Qué es lo que quieres conseguir? ¿Quieres llegar a ser concertista de piano (profesor de la TA) o simplemente quieres hacer ejercicios con diez dedos (autoaprendizaje)? Si has tenido alguna dolencia recientemente, una sola clase puede ser de gran ayuda. Si tienes un problema crónico, entonces necesitarás asistir a clases ocasionales durante el resto de tu vida. La mayoría de los alumnos están entre uno de los dos casos. Al final, todo depende de tu motivación, de tu objetivo y de tu aplicación, igual que ocurre con aprender a tocar el piano.

Pero es interesante mirar al propio Alexander. ¿Qué le pedía él a sus alumnos? Un amigo mío que había hecho clases con él a principios de los cincuenta, poco antes de su muerte en 1955, me contó que lo que Alexander le pidió fue: primero que leyera sus libros (mi amigo no lo hizo y Alexander tampoco le preguntó si lo había hecho); segundo, un mínimo de treinta clases; tercero, que las primeras veinte clases las hiciera a razón de cinco por semana, de lunes a viernes, de treinta minutos cada una, y que las últimas diez las hiciera dos por semana; y cuarto, que pagara por anticipado.

No conozco ningún profesor que haga cumplir estos requisitos actualmente, pero es que tampoco ninguno es Alexander. De todas formas, treinta clases es lo normal, aunque pocos profesores actuales insisten en ello antes de aceptarte como alumno. Treinta clases no es nada si consideramos que un profesor dedica el equivalente a 3.200 clases privadas para ganarse el título de profesor.

¿Cuánto cuestan?

Casi lo mismo que una cena y una entrada de cine. Las clases no son baratas, pero tampoco lo es la visita a un médico. Por supuesto, las clases de Alexander son bastante seguidas durante un tiempo por lo que supone una inversión en uno mismo. Una serie completa de clases cuesta lo mismo que comprarse un artículo de lujo o irse de vacaciones. Pero seguramente vas a conseguir mucha más alegría y valor duradero por tu dinero invertido.

Algunos profesores hacen descuento si el alumno se compromete a hacer muchas clases por adelantado. Si no te lo ofrecen, pídelo. No pierdes nada.

¿Dónde?

Actualmente, los profesores de la TA suelen trabajar en centros con otros terapeutas. En el centro donde yo trabajaba había un médico, tres psicólogos, un nutricionista, dos quiroprácticos y yo. Son poco comunes los centros especializados únicamente en esta técnica. Muchas veces son los mismos centros en los que se forman los profesores; si este es el caso, el precio seguramente será más barato, e incluso habrá sesiones gratuitas.

La inmensa mayoría de los profesores se preparan fuera de sus casas. Al principio, puede resultar extraño, especialmente para una persona que cobra honorarios profesionales, pero, a diferencia de otros profesionales de la medicina o paramedicina, los profesores de la TA no se consideran a sí mismos terapeutas. Están más en la categoría de profesores de música y muchos de ellos se preparan también fuera de casa.

De todas formas, al ser profesores que consiguen resultados curativos, entran dentro de una categoría médica indeterminada. Aunque ellos insisten en que son profesores, muchos de sus alumnos les consideran terapeutas que les ayudan a encontrarse mejor. Este es un dilema constante para los profesores de la TA, porque, a pesar de su propia imagen, consiguen meterse en seguros médicos y similares. Quizás el hecho de ir a su casa ayuda a entender el hecho de que tú eres su alumno, no su paciente.

Al entrar en una clase, seguramente te encontrarás tres objetos: una silla, una mesa y un espejo. La silla es para el trabajo con la silla, la mesa para el trabajo en la mesa y el espejo es para que durante la clase veas que no eres como crees ser.

El profesor te tocará pero tú estarás vestido; en el caso de que quiera que te quites la ropa, sal corriendo de allí. No es necesario ni te ha de pedir que te desnudes. Tampoco han de tocarte los genitales, los senos o el trasero; si alguno lo intenta, denúncialo.

Conclusión

Antes de empezar las clases, asegúrate de que vas a poder seguirlas durante un tiempo. El efecto de las clases tiende a manifestarse exponencialmente con el paso del tiempo, pero si las vas cancelando o posponiendo, el efecto se perderá. Cada lección pretende hacerte retroceder al nivel que habías alcanzado al final de la clase anterior. Algunos profesores incluso pueden rechazar darte las clases si no quieres empezar haciendo dos por semana. Todo depende del profesor y de tus motivos para asistir a las clases.

Es buena idea escribir un diario. El progreso puede parecer lento hasta que miras atrás y te das cuenta de lo mucho que has cambiado. En las clases Alexander siempre estás intrigado por el problema siguiente, por lo que a veces es demasiado fácil olvidar lo mucho que has progresado. Un diario te ayudará a mantener tu perspectiva sobre el proceso.

Por último, las clases son muy divertidas y una verdadera aventura. Te abrirán a un conocimiento de ti mismo totalmente nuevo, un universo nuevo de experiencia que tienes que conocer. Cuando empieces a ver este mundo nuevo, los resultados serán sorprendentes e inesperados. Casi todo el mundo se queda impresionado con las clases y habla maravillas de ellas. Alexander fue un genio que nos ha dejado un legado maravilloso. No te lo pierdas.

5 Trabajar contigo mismo a solas

«No estás aquí para hacer ejercicios o aprender a hacer algo bien, estás aquí para reconocer los estímulos que te generan hábitos nocivos y para aprender a evitarlos».

F. M. ALEXANDER

Las ideas para practicar por tu cuenta contenidas en este capítulo son procedimientos que yo he desarrollado para talleres de grupos. Están basados en las ideas del trabajo de Alexander y pretenden obtener el mismo resultado, pero las clases son diferentes a las clases tradicionales de Alexander. Una clase tiene un ingrediente principal de «sensación» que es el que proporcionan las manos de tu profesor, y constituye la base de cualquier otra discusión, procedimiento y observación que se haga durante la clase. Sin embargo, cuando se trabaja a solas, este ingrediente no existe.

La cuestión que me ha ocupado durante casi toda mi vida de profesor ha sido descubrir cómo un principiante puede generar una «experiencia Alexander» de libertad y tranquilidad por sí mismo, sin necesitar las manos de un profesor.

Es una cuestión muy importante, porque si encontrara la respuesta adecuada no habría necesidad de tener un profesor. Los dos primeros procedimientos que detallaré en este capítulo son los procesos que he desarrollado y que, si los haces correctamente, te llevarán a experimentar una calidad diferente en tu coordinación. El tercer proceso no es mío; es un método muy común utilizado por los profesores Alexander, que he descrito en el capítulo 4 con el título «Trabajo en la mesa».

Los tres procedimientos abordan el tema de la autoobservación con ayuda de varios espejos, que constituye el método de observación de Alexander descrito en el capítulo 6. Los procesos presentados aquí están basados en el modelo de meditación, por el que primero dominas tu mente y después diriges tus pensamientos hacia una secuencia de ideas ordenada deliberadamente. Mantener tu concentración a lo largo de esta secuencia de pensamientos es fundamental para obtener resultados positivos, por lo que es seguro que estos procedimientos te aportarán un beneficio inmediato. Pero como todo en esta vida, es cuestión de práctica.

Yo te sugeriría que practicaras con amigos. Es muy útil que uno vaya leyendo el texto mientras los demás se concentran en aplicarlo. Otra posibilidad sería que leyeras el texto en un MP3 y lo pusieras repetidas veces para familiarizarte con el proceso.

La propiocepción

La propiocepción es la capacidad que tiene nuestro cuerpo de sentirse a sí mismo. Es la clave para entender por qué funciona cada uno de estos tres procesos. Estás aprendiendo a utilizar un sistema imaginario muy poderoso que está instalado en tu sistema nervioso; un sistema compuesto por millones de receptores propioceptivos localizados en cada músculo, ligamento y tendón de tu cuerpo.

Estos receptores están lanzando continuamente sus mensajes, pero nosotros ignoramos esta información que nos envían porque nos fiamos más de los otros sentidos: la vista, el oído, el olfato, el gusto y el tacto de objetos externos. Es curioso que todos estos sentidos se interesan por determinar nuestras relaciones con fenómenos externos a nosotros. El olfato, por ejemplo, implica la ingestión de moléculas de otra sustancia.

Únicamente hay un sentido que se interesa por nuestro universo interno: el sentido propioceptivo. Es un sentido milagroso que, si conseguimos acceder del todo a él, nos puede aportar gran cantidad de información sobre nosotros mismos que antes desconocíamos. Los procedimientos de los que voy a hablar en este capítulo son, en parte, una forma de entrenamiento personal para llegar a sentir este sentido propioceptivo.

Cuanto más los practiques, más consciente serás de tu cuerpo y de tu coordinación. Este beneficio, a la larga, se extenderá a actividades como caminar, agacharse, y otros movimientos que haces diariamente. Ahora que estás sentado cómodamente, estás preparado para empezar a usar este sentido propioceptivo y trazar tu patrón primario de sostén.

Estarse quieto

Los tres procesos exigen que te estés quieto durante un periodo de tiempo, de la misma manera que harías si meditaras. Tú decides cuánto tiempo, pero diez minutos son suficientes para empezar.

¿Por qué hay tanta gente que teme la idea de estar inmóvil? También podrías preguntarte: ¿Por qué estamos continuamente moviéndonos? Observa cómo estás en este preciso momento. ¿Estás totalmente quieto mientras estás leyendo o estás moviendo el pie, tocándote el pelo, comiendo chicle, mordiéndote el labio, tensando las piernas innecesariamente o agarrando alguna cosa? Si te observas atentamente, verás que estás haciendo algo que en realidad no es necesario. ¿Por qué lo haces?

A veces yo juego a un juego conmigo mismo. Estoy, por ejemplo, en un bar, y escojo a alguien al azar y observo sus movimientos; cómo se transforma con las diferentes acciones de un momento al siguiente: primero la persona mueve los dedos, después se detiene y cruza las piernas y, durante un segundo, no hace nada; después empieza a jugar con la sal de la mesa hasta que se enciende un cigarrillo, después...

Esta actividad no se detiene nunca; siempre, siempre, siempre hacemos algún movimiento. En lugar de «seres» humanos, nos deberíamos llamar «hacedores» humanos. Muchas veces experimentamos esta inquietud que se pone de manifiesto a través de actividades aparentemente insignificantes, pero sin duda implacables.

Detenlas. Estate quieto y obsérvate a ti mismo. Inténtalo ahora mientras lees. ¿Puedes hacerlo? El motivo principal de toda esta actividad es intentar «escapar» de ti mismo, de alguna sensación de incomodidad o agitación. Analiza algunas de tus acciones. ¿Por qué las haces? ¿Cuál es el impulso, la necesidad a la que responde el movimiento? ¿Es una búsqueda, algo que esperas, la intención de dirigir cada movimiento?

Estar continuamente en acción sirve para evitar experimentar tu situación interna. Si te estás quieto y experimentas tu estado interior, al principio te sobrecogerás, incluso a lo mejor sientes mareos, náuseas, miedo, nerviosismo... Yo he tenido alumnos que me han dicho que no podían hacerlo, que no podían estarse quietos ni un minuto, y se enfadaban cuando les pedía que lo hicieran. También hay otros que se sienten maravillados, aliviados de estar en reposo absoluto. Tu experiencia seguramente estará entre estos dos extremos.

El patrón primario de sostén

Primer paso: la autoaceptación

Hay un significado más profundo de este primer paso de estarse quieto que es aceptarse a sí mismo. Estar cómodo con el hecho de estar incómodo. Dejar de intentar hacer «mejor» las cosas. Quererte a ti mismo con todas tus imperfecciones. Es imposible hacer cambios si siempre te has negado a hacerlos.

La negación, en este caso, se refiere a intentar no ser quien eres. Muchos de tus reajustes posturales los haces sobre algo que hacías en el pasado y que te hacía sentir incómodo. Es como si estuvieras usando esa incomodidad para empujarte a ti mismo a otro lugar, y aquí es donde está la ironía. Para empujar necesitas algo que empujar; por eso por mucho que intentes abandonar tu incomodidad, siempre la necesitarás. Alexander dijo:

> «Intentar algo no es más que dar importancia a lo que ya conocemos».

Es la típica situación del pez que se muerde la cola: quieres salir de tu malestar pero tienes que utilizarlo para salir de él, así que siempre va contigo. Es fácil de entender: si no estuvieras curvado, ¿por qué ibas a necesitar sentarte erguido? ¿Qué ocurre después de haberte sentado erguido durante un tiempo? La Figura 6.1 muestra el proceso: al final, acabas curvándote más que antes.

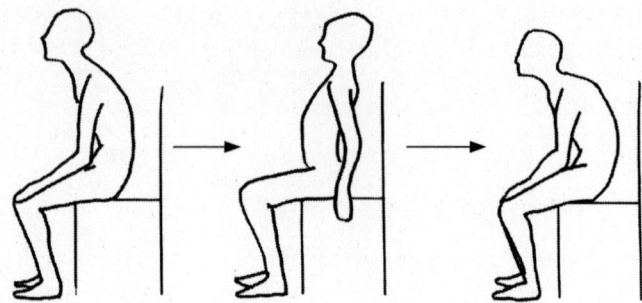

Figura 5.1. Cuando nos damos cuenta de que estamos curvados, primero hacemos un esfuerzo tremendo por ponernos derechos, pero después de un rato nos cansamos y entonces volvemos a curvarnos aún más que antes.

La autoaceptación es, curiosamente, una forma de escapar de este ciclo interminable. Aprendes a dejar de verte a ti mismo como un error que espera ser reparado y entras de lleno en tu sensación de incomodidad. En lugar de luchar, empiezas a tolerarte a ti mismo, incluso a sentir amor y compasión por ti mismo.

Durante los primeros minutos que estás quieto, la necesidad de moverte no desaparece. Ignórala y toma la decisión firme de no moverte diciendo: «No, no voy a hacer este movimiento; continuaré quieto y aceptaré este estado tal cual es». Si te mantienes firme en esta premisa de autoaceptación, empezará a ocurrirte algo extraño: verás cómo cada vez te cuesta menos y te gusta más mantener este estado. Cuando tu mente se haya tranquilizado hasta el punto de que ya no sientas la necesidad de corregir ninguna parte de tu cuerpo, entonces estarás preparado para pasar al siguiente paso del proceso.

Al principio te parecerá que nunca vas a poder ir más allá de este primer paso. Tranquilo, no pasa nada; es mejor que te tomes todo el tiempo que necesites para tranquilizar tu mente que pasar al siguiente paso con la mente inquieta.

Segundo paso: traza tu patrón primario de sostén

Este segundo paso consiste en sentir el patrón primario de sostén de tu musculatura. Vas a tener que trazar la actividad de los músculos de «estar» asociados al sistema motor de sostén. Para repasar este punto retrocede al capítulo 3, a los apartados «El sistema motor de sostén y de movimiento» y «Los músculos de «estar» y de «hacer». El sistema motor de sostén es el patrón formado por los músculos de «estar» profundos e intrínsecos, y es el que mantiene tu equilibrio durante el movimiento. Es la firma de tu personalidad y una reserva de emociones no expresadas. Mientras practicas este procedimiento es posible que, de vez en cuando, experimentes fuertes emociones.

Pero no se trata de empezar con las emociones; has de empezar trazando poco a poco las relaciones espaciales entre las diferentes partes de tu cuerpo. Para ello, escoge una postura habitual en tu vida cotidiana. Te aconsejo que utilices la postura de estar sentado en una silla, ya que es algo que hacemos constantemente. Adopta la postura que tú consideras más cómoda; no intentes sentarte correctamente. Para una explicación más detallada, lee el apartado «La postura primaria» del capítulo 6. Cuando hayas conseguido un nivel de quietud y serenidad como el que he descrito en el primer paso, pasa a la organización del cuerpo que describo a continuación. Este procedimiento puede hacerse en cualquier posición; sin embargo, yo escribo pensando que estás sentado en una silla.

Tus hombros-brazos

Los brazos no se terminan en los hombros: los hombros forman parte de tus brazos. Si fueras un pájaro, la parte del brazo sería la que tiene todas las plumas, mientras que el hombro sería donde se anclan todos los músculos de la fuerza y del movimiento. Para eliminar esta división que hace el lenguaje yo les denominaré «hombros-brazos».

Compara tus dos hombros-brazos. ¿Cuál está más tensado? Si no estás seguro, presta atención a cada uno de ellos y espera; seguro que al final conseguirás una impresión más clara. El hecho de esperar te da tiempo para interpretar el *feedback* propioceptivo tan sutil que proviene de estos dos hombros-brazos. Parte de esta práctica consiste en aprender a ser más sensible al *feedback* propioceptivo, ese «sexto sentido olvidado», tal y como lo denominó el doctor Garlick de la University of New South Wales. La vista y el oído son mucho más poderosos que la propiocepción, por lo que no estamos acostumbrados a distinguir las sutilezas que nos proporciona este sentido propioceptivo.

Pregúntate a ti mismo: ¿Sienten exactamente lo mismo mis dos hombros? Seguramente la respuesta es no. Después pregúntate: ¿En qué se diferencian? Siéntelos creativamente: la parte superior, la inferior, la interior, la exterior, y todo lo que consideres que forma parte de tus hombros.

Ahora empieza a orientar su posición en el espacio. ¿Cuál de los dos está más elevado? ¿Cuál de los dos está más adelantado? También en este caso, espera hasta que surja una impresión definida. Lo más normal es que no surja inmediatamente, pero al cabo de un tiempo seguro que empiezas a tener una impresión más clara. A lo mejor pensabas que tu posición inicial era recta, pero luego te has dado cuenta de que era torcida, como la de la persona de la Figura 5.2. Una vez tengas una clara impresión de tu postura, sigue adelante.

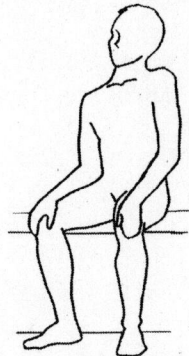

Figura 5.2. Esta imagen presenta una versión exagerada de la postura ligeramente torcida que muchas veces adoptamos: la cabeza cae hacia un lado, uno de los hombros cae hacia detrás y hacia abajo o el torso está inclinado, y una de las piernas está más abierta que la otra. Observa tu postura en este instante.

Tu cabeza y cuello

¿Dónde terminan exactamente tus hombros-brazos y empieza tu cuello? Evidentemente, es una pregunta imposible de responder porque no hay un punto exacto. Por eso, amplia la sensación de tus hombros-brazos para incluir los dos lados de tu cuello. En este proceso de trazar tu patrón de sostén es importante que vayas trabajando sobre el trazado anterior que hayas hecho. En este caso, se trata de tener una impresión clara de la postura de tus hombros-brazos para empezar a trazar la de la cabeza y cuello.

¿Qué lado del cuello sientes más tenso? ¿Es precisamente el mismo del hombro-brazo que sentías más tenso? ¿Sientes que es la misma tensión, una prolongación de la misma? Igual que has hecho con los hombros-brazos, transforma esta sensación de tensión en una orientación espacial: ¿Qué lado del cuello sientes más corto?, ¿estás inclinando la cabeza más hacia un lado?, ¿cómo encaja esta sensación con lo que experimentas con tus hombros-brazos? También ahora, tómate todo el tiempo que necesites hasta que aparezca una impresión clara de la inclinación de tus hombros-brazos y cabeza.

Tu tórax y pelvis

Ahora siente el contacto de tu espalda contra la silla. Sigue manteniendo conciencia de tus hombros-brazos, cuello y cabeza, y comprueba qué parte de tu espalda tiene más contacto o hace más presión contra el respaldo de la silla. ¿Haces el mismo contacto con la silla con las diferentes zonas de la espalda? ¿Puedes relacionar esto con tus hombros, cabeza y cuello, y sentirlo como parte del patrón de tu postura en su conjunto?

Comprueba las dos partes de tu tórax: entre las costillas inferiores y la parte superior del hueso pélvico de los dos lados de tu cuerpo. ¿Sientes estos dos lados igual de largos o sientes que uno de ellos es más corto porque tu tórax está más comprimido en un lado? Relaciona este estado con todo lo que estás sintiendo en tu cabeza, cuello, hombros-brazos y espalda y mira si encaja todo en un patrón de sostén.

Ahora siente el contacto de los huesos con la silla. ¿Estás sentado sobre ellos o sobre la parte posterior de tu trasero? ¿Sientes la misma presión en ambas nalgas o más en una que en otra? ¿Encaja esto en un patrón general?

Tus piernas, rodillas y pies

Mientras sigues manteniendo la impresión general que has ido creando de tu cuerpo, añade ahora tus dos piernas. Siente, en particular, la posición de tus rodillas: ¿Tienes una rodilla más girada hacia dentro que la otra? ¿Es esta inclinación el resultado de toda la postura general de tu cuerpo: de tu cabeza, hombros, tórax y pelvis?

Por último, con esta conciencia general de tu cuerpo, comprueba la posición de tus pies y cómo están colocados en el suelo. ¿Qué parte de tus pies presiona más contra el suelo? ¿Están torcidos hacia dentro o hacia fuera? ¿Tiene que ver esta posición con la posición de tus rodillas y de tu cuerpo? Ahora, imagina también cómo se relaciona esta posición con el patrón general de tu cuerpo. Con la práctica, toda esta fase la realizarás es unos pocos segundos, incluso menos. Recuerda que la información está siempre ahí; ahora estás aprendiendo a escucharla e interpretarla.

Tercer paso: hacer de las partes un todo

A estas alturas ya sabes si tienes tendencia a torcer tu cuerpo hacia la derecha o hacia la izquierda, que es algo que casi todos hacemos. Continúa con las preguntas, siendo creativo y pensando en ti mismo, hasta que empiece a surgir una clara impresión de la torsión de tu cuerpo. Si al principio no puedes percibir esta torsión, continúa formulándote las preguntas anteriores y ten paciencia; al final surgirá la impresión.

Muchas veces la impresión llega como un *flash* repentino. Yo he visto muchas veces la cara de sorpresa de mis alumnos cuando de repente todos los dolores y achaques en diferentes partes de su cuerpo empiezan a tener sentido; cuando se dan cuenta de que son el resultado de una torsión general de su cuerpo. Este tercer paso es el punto al que querías llegar con el segundo paso: «darte cuenta» de que estás manteniendo una torsión general desde la cabeza hasta los pies.

No puedo detenerme en cada una de las maneras que hay de trazar este patrón porque hay cientos; eres tú el que has de realizar tu propio mapa y empezar a trabajar creativamente por ti mismo. El lector astuto se dará cuenta de que solamente he intentado guiarte en el proceso de corregir una torsión general. Lo he hecho, en parte, porque la rotación incluye todos los demás movimientos del cuerpo (flexión, extensión, abducción o alejamiento, aducción o acercamiento, flexión y extensión lateral, y otros patrones de movimiento más especializados).

También es posible, no obstante, analizar cada categoría de movimiento por separado. Por ejemplo, puedes decidir examinar al principio solo la flexión de todo el cuerpo (inclinándolo hacia delante como si lo dejaras caer) y la extensión (arqueándolo hacia detrás). Esto es bastante útil para entender cómo la acción de la cabeza y del cuello está totalmente relacionada con el cuerpo y ejerce presión en él.

La mente del principiante

Es importante que tu impresión de este patrón de sostén general surja por sí sola, que no sea una imposición intelectual sobre tu cuerpo surgida de nociones abstractas que tú consideres actualmente o que te haya dicho algún experto. Aunque sean ciertas, eres tú quien tienes que experimentarlas en tu cuerpo. El verdadero conocimiento es una sensación, no un simple conocimiento intelectual. Si lo haces correctamente, este procedimiento te dará definitivamente la sensación de haber descubierto algo que siempre ha estado ahí pero que no conocías porque estaba oculto. Es importante que no pienses que ya sabes lo que estás haciendo antes de empezar, aunque hayas practicado este proceso cientos de veces. Un relato de mi profesora Marj ilustra este punto.

En una ocasión, Marj y yo estábamos paseando por el puerto de Sydney. Ella estaba cansada, así que se sentó en un banco mirando el mar mientras yo miraba fijamente unas escaleras que bajaban a la orilla. Cuando volví y me senté a su lado, me miró y me dijo:

—¿Sabes qué estaba haciendo mientras tú estabas ahí?»

—No, Marj —le dije—. No lo sé.

Estaba intentando averiguar que es «hacia delante y hacia arriba».

A estas alturas del libro, ya sabes que «hacia delante y hacia arriba» es una dirección fundamental de Alexander, lo primero que aprendes en una clase. Así que ahí estaba Marj, una profesora que llevaba más de cincuenta años enseñando, intentando todavía averiguar qué era eso. La lección que aprendí de ese momento con Marj es que quería recordarme que nunca diera nada por supuesto, ni que considerara la idea arrogante de que lo sabía todo. Shunryu Suzuki, un master Zen de Japón, escribió: «En la mente de los principiantes hay muchas posibilidades, pero en la mente de los expertos también hay unas cuantas».

Cada vez que realices este procedimiento, acércate a él con la mente de un principiante.

Cuarto paso: ir más allá

Ahora que ya tienes un conocimiento global de tu patrón básico de sostén, ha llegado la hora de empezar a jugar un poco, a desarrollar tus relaciones con este patrón. Hay varias estrategias alternativas para explorar más a fondo este patrón primario. Puedes probar una después de otra, o una durante cada sesión.

Primero: sigue sintiendo este patrón de una forma no lineal. Me explico. Anteriormente, has desarrollado una impresión paso a paso, estudiando tu cuerpo desde la cabeza hasta los pies. Has estado dirigiendo tu atención intencionadamente a lo largo de determinadas líneas. Ahora, deja que tu atención recorra libremente tu cuerpo. No quiero decir con esto que la dejes divagar por alguna ilusión o sueño que no tenga nada que ver con tu cuerpo, sino que se centre en tu cuerpo pero sin ningún orden, sin ninguna lógica. Tu atención «discurre por sí sola», por decirlo de alguna manera. Así podrás profundizar en la percepción que tienes de tu patrón de sostén general y se revelarán aspectos de él que antes no conocías. Has de ser intuitivo: sigue lo que tu intuición te sugiera.

Segundo: es importante que acentúes el patrón de sostén. Torsiona tu cuerpo un poco más hacia la dirección que crees hacerlo. Hazlo con delicadeza, tomando conciencia del patrón en su conjunto durante el proceso de exagerarlo. Determina dónde haces el esfuerzo. ¿Qué grupo de músculos intervienen cuando exageras tu postura? ¿Incrementa este movimiento exagerado la tensión que sientes en diferentes partes de tu cuerpo? ¿Dónde? ¿Puedes sentir si empieza en una parte determinada o en todo el cuerpo? ¿Haces más trabajo en una zona que en otra?

Tercero: experimenta la carga emocional de tu patrón de sostén. Siéntelo como una actitud, una forma que tienes de relacionarte con el mundo, una comunicación que haces con lo demás. ¿Estás aceptando el mundo, luchando contra él o apartándote de él? ¿O estás apartándote con una parte del cuerpo y empujando con otra? ¿Te sientes débil o fuerte? ¿Sientes tristeza, frustración, irritación o ira?

Deja que vayan surgiendo estas impresiones a su propio ritmo. Lo único que has de hacer es prestarles atención. Si no surge ninguna, no las fuerces. Vuelve a intentarlo en otra ocasión.

Quinto paso: direcciones personalizadas

Como ya he explicado anteriormente, nuestros intentos habituales de «corregir» una sensación de tensión e incomodidad normalmente nos hace ir «contra» el punto donde está la tensión, como por ejemplo cuando hacemos un esfuerzo por «sentarnos erguidos» contra la tentación de encorvarnos. La diferencia en este método es que vamos a entrar en esa tensión, a aceptarla, a conocerla íntimamente y, a través de este proceso, a dejar que se disuelva ese patrón. Marj solía decirnos: «Lo que obtendréis es la ausencia de lo que tenéis».

Si has seguido con precisión los pasos anteriores, este paso no necesita explicación. Una vez te hayas dado cuenta del grado de este patrón, la «liberación» ocurrirá por sí sola. Es como si te despertaras a todas las posturas de sostén que estás haciendo: como las sientes claramente, ya no hay nada que averiguar y, por tanto, la liberación es obvia. Si no puedes eliminarlas fácilmente, es indiscutible que no has visto tu patrón claramente y entonces tendrás que repetir los cuatro pasos más concienzudamente. En cualquier caso, hay algunas indicaciones a tener en cuenta en este quinto paso.

Primero: la clave de cualquier tensión no eliminada está en invertir la dirección de la contracción permitiendo a tu cuerpo desenmarañarla en la dirección contraria. Fíjate en las palabras «permitiendo» y «desenmarañar». La clave está en liberarla extendiendo los músculos que están tensos y te debilitan, en lugar de implicar a otros músculos para que te fortalezcan. Recuerda: estirar un músculo quiere decir aflojarlo. Lo único que un músculo puede hacer es contraerse.

Segundo: la mayoría de las técnicas de relajación se olvidan de este punto. No basta con decirle a los músculos que se relajen, porque no suelen responder a esta orden. Lo que tienes que sabes es *la dirección en la que has de pensar para relajarlo*. Si estás tirando hacia la izquierda, la única manera de relajar esos músculos es liberarlos hacia la derecha. Lo único que conseguirías tirándolos más hacia la izquierda es incrementar la tensión.

Tercero: estas serán tus nuevas direcciones Alexander personalizadas. Puedes empezar a pensar en ellas en otros momentos del día, relacionándolas siempre con el patrón de sostén que están liberando. Estas direcciones no son del tipo «la cabeza hacia delante y hacia arriba, la espalda recta y amplia, las rodillas hacia delante y separadas» que describiré en el capítulo 6, sino que son direcciones únicas y personalizadas, basadas en una clara percepción de cómo es tu postura en particular. Si sigues realizando esta práctica, las direcciones irán cambiando porque la que funciona para un día no funciona para siempre. Tenlas siempre frescas regresando constantemente a este proceso de paciente y delicada observación y redescubriendo cada vez el patrón de sostén coordinado que tienes.

Cuarto: en cuanto «desenmarañes» tu patrón usando tus direcciones personalizadas, te sentirás extraño, incluso pensarás que estás equivocado. También notarás cómo de repente se liberan las molestias y tensiones que sientes. Si no sientes esto, es que estás forzando demasiado.

Este es el momento clave: si lo has hecho bien y con suavidad, empezarás a obtener resultados. Tu experiencia se puede equiparar al efecto del trabajo con las manos de un profesor. Es un momento muy dulce que recompensa todo el esfuerzo realizado, porque esta experiencia se quedará contigo varios días. Tú mismo habrás elaborado tus direcciones Alexander personales.

Sexto paso: explorar el momento crítico

Hasta ahora solamente has investigado el patrón de sostén muscular intrínseco. Aunque este es vital, no lo es todo. Por encima de este patrón, e interactuando con él e influenciándole, hay unos grupos de músculos extrínsecos más largos y gruesos que son los responsables de los movimientos más importantes como caminar, agacharse, usar los brazos y las piernas, etc. (*Véase* el apartado «El sistema motor de sostén y de movimiento» del capítulo 3 para más información sobre este tema). ¿Cómo afectan estos movimientos más importantes a tu patrón de sostén primario? Y a la inversa: ¿Cómo afecta tu patrón de sostén primario a estos movimientos más importantes?

Un simple movimiento para dar respuesta a estas preguntas podría ser el moverse hacia delante en una silla. Empieza apoyado en la silla y realiza todos los pasos anteriores hasta el de liberar tu patrón de sostén primario. En este momento, considera la idea de moverte hacia delante en la silla. En el momento en que estás pensando en esto, observa el resultado en tu cuerpo. Las investigaciones demuestran que el mero hecho de pensar en un movimiento origina una actividad en la musculatura que realizará este movimiento. Tu intención es alcanzar un grado de sensibilidad adecuado para poder detectar estos cambios sutiles antes de realizar el movimiento. En el momento preciso en que notas la tensión, elimina la decisión de moverte y vuelve a sentarte.

Dedica mucho tiempo a estas acciones de empezar a moverte hacia delante en la silla y después relajarte y decidir no hacerlo. En ambas acciones, en la decisión de moverte y en la decisión de parar, tienes que ser auténtico. La intención ha de ser sincera y no una treta para observarla. Mientras observas estas acciones del momento crítico de acción/no acción, analiza todos los movimientos preparatorios que haces para moverte hacia delante en la silla.

¿Qué diferencia hay entre estos movimientos preparatorios y los de tu habitual patrón de sostén primario? ¿Sientes que vuelves a las acciones de empujar y tensar en las que acabas de pasar diez minutos pensando? Este paso es otra manera muy útil de obtener una impresión de tu patrón de sostén primario. Utilizando este paso y los anteriores, podrás estudiarlo a conciencia, primero en reposo, después en actividad.

Ahora viene la parte interesante. ¿Puedes moverte hacia delante en la silla sin regresar a tu habitual patrón de sostén? Incluso la idea de intentarlo te resultará extraña. Tus sensaciones, al no estar familiarizadas con este tipo de coordinación, te impedirán cualquier intento de moverte de esta manera. Tendrás la impresión de que tienes que tirar hacia abajo de la manera que estás acostumbrado a hacer para moverte hacia delante en la silla.

A pesar de todo, decide que no te moverás hacia delante. En lugar de eso sigue tus direcciones personalizadas y, mientras continúas proyectándolas hacia tu cuerpo, muévete hacia delante en la silla. ¿Cómo ha ido? Comprueba el resultado. ¿Te has tirado hacia atrás siguiendo tu patrón habitual? ¿Te ha sido más fácil de lo normal moverte hacia delante en la silla o te ha sido más difícil?

En este punto tienes que ser muy sincero contigo mismo. A todos nos gusta el éxito, pero la verdad es que lo más probable es que hayas fracasado. De hecho, el fracaso es la base del éxito, del aprendizaje. Piensa que fracasarás, acepta el fracaso y reconsidera lo que has hecho, y vuelve a intentarlo. El error más común de los principiantes en este momento es resistirse y tensarse intentando mantenerse en una nueva posición mientras se mueven hacia delante en la silla. Si esto ocurre, te sentirás como un robot. Pero no te desanimes, esto les ocurre a todos los alumnos. Ten paciencia y sé compasivo contigo mismo. Sigue experimentando con las directrices que te he dado. Es un proceso largo y lento.

Sentir los músculos suboccipitales

Los músculos suboccipitales son un grupo de músculos esenciales y, a través de los experimentos efectuados conmigo mismo y con mis alumnos, he descubierto que tienen una influencia extraordinaria y desproporcionada en la coordinación de todo nuestro cuerpo. La única prueba científica importante que he encontrado para respaldar esta idea es el perfil fisiológico extraordinario y único de estos músculos.

Sin embargo, si sigues esta mediación a conciencia, serás recompensado con una evidencia empírica experimental de la eficacia de esta idea. Puede que la ciencia tarde todavía otro siglo en encontrarla. No vale la pena esperar.

El perfil de los músculos suboccipitales

Los músculos más sutilmente controlados del cuerpo humano son los que manipulan nuestros ojos. Los segundos son los que mueven nuestra lengua. Esto no nos sorprende, es lógico. Pero, ¿cuáles son los terceros en esta categoría? El grupo de músculos suboccipitales. ¿Habías oído hablar de ellos? ¿Sabes por qué se dice que tienen este importante poder de control? ¿Cuáles son estos músculos suboccipitales y para qué sirven?

Mira la Figura 5.3 para ver dónde están localizados estos músculos y otros relacionados con ellos. El prefijo «sub» se refiere a que están debajo, y «occipital» es el nombre del hueso al que están adheridos y que forma la base del cráneo. Anatómicamente, no todos los músculos que muestra la Figura 5.3 están incluidos en el grupo suboccipital, pero a partir de ahora y para facilitar las cosas les denominaremos a todos con este nombre.

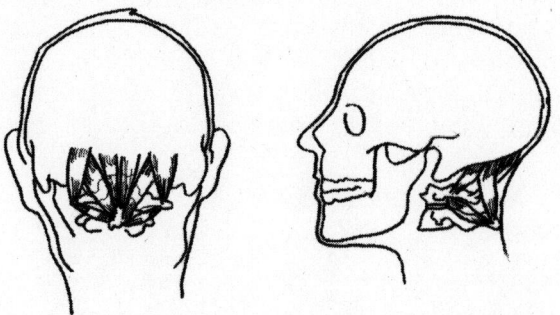

Figura 5.3. La localización de los músculos suboccipitales y otros relacionados.

Si miras los dos diagramas de la Figura 6.3 resulta obvio que estos músculos no tienen suficiente fuerza para mover la cabeza. Nuestra cabeza es demasiado pesada para que estos músculos resistan su peso; hay otros músculos más grandes y más fuertes que soportan el peso de la cabeza y hacen sus movimientos. Así pues, estrictamente hablando ¡los suboccipitales ni siquiera pueden funcionar como músculos.!

Primer paso: el control primario

El concepto de «control primario» de Alexander se tratará con más detalle en el capítulo 6. En ese capítulo descubrirás que los músculos suboccipitales están totalmente sincronizados con la función con la que soñaba Alexander. Para ser justos con él, diré que nunca pensó en el control primario como algo sensorial, a diferencia de un ojo o un oído que sí son sensoriales. Afirmaba que el control primario sólo existe en la esfera de la relatividad, queriendo decir con eso que es el resultado de la relación entre varias cosas.

Esta afirmación tiene sentido cuando hablamos de los músculos suboccipitales. Lo único que estos pueden hacer, y lo hacen muy bien, es actuar como detectores de los sutiles movimientos de la cabeza en relación con la columna vertebral. Son los encargados de detectar y de mover la cabeza en relación con la columna. Yo los comparo con el mecanismo de dirección asistida de un coche: ellos controlan sin esfuerzo los potentes músculos que hay debajo de ellos para corregir y alinear nuestra coordinación.

Segundo paso: la actividad de los músculos suboccipitales

Primero, haz esta observación. Observa la cabeza de varios amigos mientras están de pie o sentados quietos. A primera vista parece que la cabeza también esté quieta. Pero, igual que permites que tus ojos se adapten a la oscuridad, deja que tus ojos se adapten para ver los pequeños movimientos y después verás que, de hecho, la cabeza nunca deja de moverse. Pide a algún amigo que deje de mover la cabeza y te preguntará a qué te refieres, ya que para él su cabeza está quieta. Uno mismo no puede sentir estos pequeños movimientos, pero otro los puede ver claramente.

La primera intención de este proceso es que consigas este nivel de sensibilidad para darte cuenta del constante movimiento de tu cabeza. Antes de empezar, estudia la Figura 5.3 y practica la visualización de la localización de estos músculos en tu cuerpo. Intenta desarrollar una imagen clara y precisa de ellos.

Vuelve a leer el apartado «Estarse quieto» al principio de este capítulo. Una vez preparado, empieza concentrando tu atención en la zona de los músculos suboccipitales. De hecho, es lo que siempre tienes que hacer, aunque para algunos es insoportable. Al principio te puede ocurrir alguna de las siguientes cosas:

Primero: no sientes nada, te resulta casi imposible concentrar tu atención en esa zona porque no la sientes, es como si no existiera. Es como si te dijera que prestaras atención al tirador de la puerta; te parecerá una cosa sin sentido e imposible. Si esto es lo que te ocurre, entonces necesitas seguir con el proceso. Es una señal de que estás totalmente desconectado de este importante grupo de músculos.

Segundo (o a lo mejor, en tu caso, es lo primero que te ocurre): sientes esta zona totalmente tensa, rígida, casi insoportable. Sientes que quieres mover la cabeza o hacer algo. Es buena señal. Si sigues prestándole atención, dejarás de hacer tanta tensión porque estarás dándote cuenta de la tensión que tienes. Mi propia experiencia con estos músculos es que están normalmente en un estado de contracción perpetua y, hasta que no percibas directamente este estado, no podrás relajarlos. En esta etapa, sientes esta zona como un bloque grande, grueso e inmóvil, de una fuerte tensión que te genera dolor.

Tercero (también en este caso puede ser lo primero que te ocurra): sientes la actividad de este grupo de músculos. Este es el estado de conciencia avanzado al que quieres llegar, porque entonces estarás sintiendo de verdad los pequeños movimientos de la cabeza que has visto que otros hacían. Cuando llegues a esta etapa podrás empezar el importante proceso de hablar a estos músculos, de relajarlos, de llevar tu cabeza a un estado cada vez más inmóvil pero equilibrado. Pero antes de empezar con esto, dedica algo de tiempo a familiarizarte con esta actividad constante. Escúchala, siente cómo se mueve tu cabeza, visualiza la actividad en cada uno de los músculos. La actividad de los músculos suboccipitales se puede sentir como un movimiento espasmódico incontrolable: notas que algo está ocurriendo pero no eres consciente de que tú eres el que hace que eso ocurra.

Tercer paso: discernir las diferencias

Empieza por discernir las diferencias entre las distintas direcciones del movimiento, es decir, hacia detrás y hacia delante, hacia un lado y hacia otro, torsión hacia la izquierda o hacia la derecha. A través de la observación continuada podrás saber qué lado está más ocupado, porque la cabeza tiene siempre un lado favorito. Sigue sintiendo el movimiento hasta tener clara tu preferencia. De hecho, aumentar tu sensibilidad de estos músculos es algo que nunca se acaba porque siempre hay más movimientos que sentir.

Si quieres, puedes pasar directamente al paso 4 o puedes experimentar un poco más. Vuelve a mirar las actividades del «Quinto paso: direcciones personalizadas» del proceso descrito anteriormente. Esto puede ser la base de futuros experimentos.

Cuarto paso: mover la cabeza

La parte más singular de este proceso es que normalmente no empezarás a sentir sus beneficios hasta que empieces a moverte de nuevo. Empieza girando la cabeza con suavidad hacia un lado y hacia el otro. ¿Cómo te sientes? Si has seguido las instrucciones con cuidado, sentirás que el movimiento ahora es más fácil, más libre. Ahora levántate y camina un poco. ¿Qué sientes al caminar? ¿Notas alguna diferencia?

Mi experiencia es que nunca se siente lo mismo. Cuanto más rato consigas estar sentado, concentrando tu atención en los músculos suboccipitales, más capacitado estarás para generar experiencias bastante útiles para relajar partes inesperadas de tu cuerpo. No es un proceso que se aplique únicamente a la zona de la cabeza y del cuello.

El procedimiento del semisupino

En muchas clases de la técnica Alexander te harán echar en el suelo boca arriba, con libros debajo de la cabeza y las rodillas dobladas. A esto se le denomina posición semisupina y es como muestra la Figura 5.4. ¿Para qué sirve?

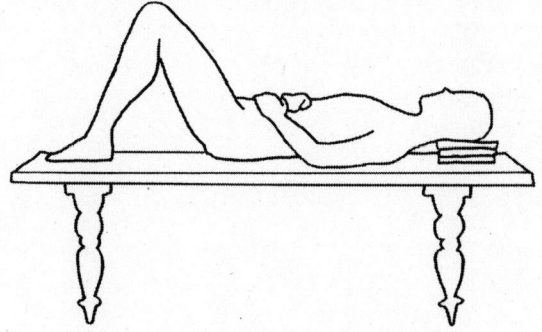

Figura 5.4. La posición semisupina para el descanso constructivo.

Primero: el semisupino es una posición que invita a la columna al máximo reposo, permitiendo que las curvas se alarguen y facilitando la relajación de los músculos intrínsecos de la columna vertebral. Estos músculos están casi siempre innecesariamente contraídos y tensos. (*Véase* el apartado «Los músculos de «estar» y de «hacer» en el capítulo 3).

Segundo: los discos intervertebrales de la columna vertebral, que están bajo una considerable presión cuanto estás de pie, tienen la posibilidad de rejuvenecerse. Dicho de una forma más sencilla: los discos separan las vértebras de la columna vertebral y amortiguan los impactos en la columna. Durante un día normal, estos discos están ligeramente comprimidos por la presión del peso del cuerpo, es decir, cada día nos encojemos un poco. Por la noche volvemos a crecer: las vértebras se expanden absorbiendo como esponjas los fluidos que las rodean. De todas formas, las dieciséis horas de compresión que puede durar una jornada es un periodo muy largo, y por eso para incrementar la salud de los discos es bueno darles la oportunidad de «absorber» fluidos una o dos veces al día echándote en esta posición de semisupino.

Tercero: la postura de semisupino te ofrece la oportunidad de organizar tu musculatura pensando en tus direcciones Alexander, ya que estás en una posición de coordinación pasiva y poco exigente. Es mejor que sentarse en una silla cuando llegas a casa. Los profesores de la TA lo denominan descanso constructivo.

Colocarse en la posición de semisupino

Vale la pena hacerlo con cuidado. Es mejor llegar a la posición final con un poco de lentitud que hacerlo rápidamente y acabar contracturado, torcido o con el cuerpo encogido. En la Figura 5.5 podrás ver el mejor método a seguir para adoptar esta postura.

Figura 5.5. Colócate a una distancia adecuada de los libros y sigue este procedimiento para echarte en el suelo. Si sigues con cuidado cada paso los resultados serán más beneficiosos.

Una vez colocado, fíjate en los siguientes puntos:

Primero: coloca algunos libros debajo de la cabeza. Hay diferentes escuelas de enseñanza en el mundo de Alexander sobre cuántos libros hay que colocar. A modo de guía, ponte de pie apoyado en una pared de manera que sólo las paletas de la espalda y las nalgas la toquen ligeramente. Mantente en esta posición mirando hacia delante y pide a alguien que mida la distancia entre la parte posterior de la cabeza y la pared. Es una medida aproximada, así que utilízala como punto de partida solamente. Prueba con diferentes alturas hasta que encuentres una que no sea ni demasiado alta ni demasiado baja, pero que te sea cómoda.

El objetivo es que tu cabeza esté a una altura que la deje en una relación neutra con la columna como cuando estás de pie mirando hacia delante. Utiliza libros, no cojines, porque así el contacto de la cabeza con la superficie es firme y no permite que se hunda. Si sientes demasiada presión o te sientes incómodo, utiliza una toalla para suavizar el contacto, pero asegúrate de que la superficie sea firme. El cuello no debe tocar los libros.

Segundo: la razón de doblar las rodillas es aliviar la presión de la parte baja de la espalda. Si tienes dificultad para mantener esta postura (a algunos se les abren las piernas hacia los lados), puedes colocar unos cojines grandes debajo de cada rodilla para que las piernas reposen en ellos. Algunos colocan una silla debajo de la parte inferior de la pierna, pero para que esto sea efectivo, la silla debería ser de la misma altura que las rodillas.

Comprueba la zona lumbar: ¿está en contacto con el suelo o sigue arqueada? Por supuesto, podrías elevar la pelvis y meter para dentro el trasero para que la espalda tocara el suelo, pero esto va en contra del principio de Alexander de «no hacer» que hemos explicado en el capítulo 3. Así que no lo hagas.

En lugar de eso, siéntate en el suelo y ve echándote poco a poco como si desenrollaras tu torso en el suelo, esta vez procurando no arquear la espalda. Si sigue arqueada, déjalo. Con el tiempo y la práctica, este arco acabará desapareciendo o no, depende de tu estructura. Es difícil dar direcciones óptimas para todo el mundo.

Tercero: deja reposar las manos sobre tu torso ahí donde se encuentren cómodas. Algunos preferirán colocarlas sobre las caderas, otros sobre la tripa. Prueba un poco hasta encontrar la postura más natural. De todas formas, es mejor que las manos no se toquen porque así tomas conciencia de cada una por separado y evitas crear una tensión innecesaria al juntarlas.

Algunos profesores prefieren que sus alumnos coloquen las manos al lado del cuerpo en lugar de encima, con las palmas mirando hacia el suelo a la altura de la parte baja de la espalda.

Ahora que estás ya colocado, ¿qué tienes que hacer a continuación?

Cómo no pensar

Escucha, siente y observa tu cuerpo antes de proyectar cualquier mensaje de relajarlo. Hay muchas técnicas que nos hacen inmediatamente «hacer» cosas: unas literalmente, con ejercicios, por sutiles o suaves que sean; otras figuradamente, imaginando cascadas o luces azules, o simplemente diciendo a los músculos que se relajen; otras sintiéndose pesado, o cosas similares. Por favor, no empieces así.

En lugar de esto, tómate el tiempo que necesites para reconocer dónde están tus tensiones. Hazte amigo de ellas y así podrás comprenderlas. Siempre estamos intentando apartarlas, deshacernos de ellas, pero nunca nos paramos a pensar qué hacemos para tener esas tensiones.

Empieza pues por «estar» contigo mismo. Simplemente estar; no intentes arreglar, mejorar, corregir o cambiar nada. Dedícate solamente a escuchar, sentir, observar. Abre el espacio de tu cuerpo para que fluyan tus pensamientos. Abandona la sensación de prisa. Concédete todo el tiempo que necesites y deja que el proceso se desarrolle a su propio ritmo sin intentar forzar nada.

Cómo pensar

Reflexiona sobre este hecho: ahora que estás en la posición de semisupino, las innumerables terminaciones nerviosas sensoriales de tu cuerpo están creando millones de millones de mensajes. Este asombroso cuerpo de información está llegando a tu cerebro para que lo procese, pero esto ocurre normalmente sin que seamos conscientes de ello. Intenta abrirte para ser consciente de todas estas sutiles vibraciones y movimientos que ocurren continuamente; intenta reconocer lo que sientes ante estas vibraciones y movimientos; esto te ayudará a entender qué direcciones dar a tu cuerpo cuando llegue el momento.

Como ejemplo te explicaré cómo pensar en la zona de tu cabeza y cuello, aunque luego tendrás que utilizar este método para explorar las diferentes partes de tu cuerpo. Generalmente, es bueno empezar por la cabeza y el cuello, para después ir bajando por el torso (costillas y pelvis) y los brazos (hombros, codos y manos), y por último las piernas (caderas, rodillas y pies).

Los músculos están organizados alrededor de las articulaciones; por eso es importante que centres la atención en ellas. Cómprate un libro de anatomía y mira dónde están localizadas. Muchos músculos tienen una articulación como punto focal. Al sentir la actividad alrededor de esta articulación, podrás sentir las tensiones y contracciones de un gran número de músculos.

Ejemplo: la zona de la cabeza y el cuello

Empieza tomando conciencia de la cabeza y el cuello. Localiza las articulaciones donde operan los músculos suboccipitales en la base del cráneo. Estos músculos los hemos estudiado más a fondo en el apartado «El proceso de los músculos suboccipitales». Si dejas que tu conciencia se concentre en esta zona, las sensaciones irán emergiendo poco a poco; serás más consciente de la actividad, incluso de la tensión o rigidez. En este momento, podrás enviar los mensajes para facilitar y calmar las actividades que estás sintiendo que ocurren.

Otra forma muy útil de tomar conciencia de una zona corporal consiste en sentir los puntos de contacto que tu cabeza y hombros tienen con el suelo. Limítate a sentir el peso sobre estos puntos. Acepta el hecho de que tu cuello está suspendido entre estos puntos de contacto. ¿Qué sientes?

Observa si tu sensación es superficial o profunda. ¿Piensas únicamente en la zona de la piel? Intenta sentir los volúmenes: longitud, amplitud y altura. ¿Dónde está la intensidad de tu conciencia? ¿Hay algún punto específico que sientas tenso o rígido? Si es así, analízalo más a fondo. ¿Dónde acaba esta rigidez? ¿Es una sensación superficial o profunda? Analiza esta sensación de rigidez hasta que empieces a comprender que forma parte del patrón de sostén global de tu cuello y no es únicamente un dolor específico en un lugar concreto. Una vez entendido esto, te será más fácil dar direcciones a esa zona concreta para que se alargue y se relaje.

Pensar en la actividad

Cuanto estés echado en la posición de semisupino, es importante que apliques el principio de Alexander de «pensar en la actividad». Revisa el apartado con este título en el capítulo 2. En la práctica, esto quiere decir que mientras exploras las sensaciones de tu cuerpo, estás expandiendo tu atención para que sea más inclusiva. Por ejemplo, cuando estés tomando conciencia del torso, no dejes de pensar en la cabeza y el cuello. Intenta reconocer los vínculos, la continuidad que hay entre estas dos zonas. ¿Cómo se conecta la una con la otra?

Suele ser más efectivo explorar las conexiones que hay entre las diferentes zonas del cuerpo que centrarse en una zona concreta. Esto es a lo que se refiere Alexander cuando habla de pensar en la actividad. Por ejemplo, si tenemos dolor en la zona lumbar tenderemos a centrar la atención en esa zona, cuando en realidad el responsable de ese dolor puede ser la forma en que las piernas tiran de ella, o la forma en que el pecho se infla de aire.

Si piensas en la actividad y consigues tomar conciencia de las diferentes zonas como un conjunto, tendrás muchas más probabilidades de dar con un patrón de sostén que antes no conocías. Si conoces el funcionamiento global de tu coordinación, tendrás más probabilidades de desenmascarar los patrones que crean una tensión innecesaria.

El pensamiento creativo

Para conocerse a sí mismo, es divertido ser creativo y utilizar imágenes abstractas; yo no estoy en contra de esto. Mi opinión es que deberías incluir también la idea de simplemente «estar». Empieza con la mentalidad de escuchar/sentir/observar antes de lanzarte a crear imágenes fantásticamente creativas. Si tienes conciencia de ti mismo, el pensamiento creativo puede ser estupendo para abrir tu cuerpo y tu mente, pero si no la tienes, el resultado puede ser desilusionante y distorsionar tu percepción.

Un ejemplo de esta creatividad positiva podría ser sentir que el peso de tu cuerpo está soportado, no únicamente por el suelo o el edificio en el que estás, sino por toda la madre tierra. Tienes todo un planeta soportando tu cuerpo; no hace falta que lo sigas aguantando tú. Visualiza el planeta en el que estás; después entrégale tu peso, busca el apoyo de la madre tierra.

También es cierto que por encima de ti, más allá del techo, está el espacio, un espacio infinito, cuya extensión es tan enorme que no podemos llegar a entenderla. Cada segundo de nuestra vida está lleno de misterios, pero nuestras mentes están casi siempre cerradas a esta maravillosa infinidad que existe alrededor de nuestros cuerpos cada segundo que respiramos. Aprécíala. Imagina que tu mente no tiene límites y puede llenar este espacio. Si te imaginas en un lugar lejano, ¿por qué no imaginar que tu mente se expande para llenar todo el universo?

6 La anatomía del movimiento

«Cuando se nos indica algo, sólo pensamos en ir de lo incorrecto a lo correcto a pesar del hecho de que hemos tardado años en adquirir ese hábito nocivo: intentamos hacer lo correcto inmediatamente».

F. M. ALEXANDER

He dejado este capítulo para el final puesto que, a diferencia del resto del libro, no es realmente un capítulo para leer sino un cuaderno de trabajo. Si estás interesado en trabajar por ti mismo, este capítulo es para ti. Practica el proceso descrito en el apartado «Patrón de sostén primario» del capítulo 5 antes de embarcarte en todos estos experimentos. Es fundamental que te entrenes en el uso de tu sentido propioceptivo (imagen interna) antes de empezar a realizar los experimentos.

Son experimentos que están en la línea de los que hacía el propio Alexander. Muchas de las citas proceden del capítulo «Evolución de una técnica» del libro *El uso de sí mismo*. Te recomiendo que leas este libro si quieres conocer a fondo la TA.

A algunos profesores de la TA no les gustará que haya incluido esta información en el libro, sobre todo porque les puede preocupar que no la entiendas bien o que te autolesiones, y tienen algo de razón. No te puedo garantizar que no te vaya a pasar, pero también sé que hay mucha gente que no puede acceder a un profesor y se siente frustrada porque la mayoría de los libros sobre esta técnica no dan instrucciones precisas sobre cómo experimentar este trabajo. Después de todo, el propio Alexander dijo:

> «Todo el mundo puede hacer lo que yo hago si hace lo que yo hice. Pero a nadie le gusta la disciplina».

Estos experimentos requieren mucha disciplina y paciencia; también requieren tiempo y que aceptes la sensación de confusión, frustración y fracaso que en ocasiones sentirás. Después de todo, Thomas Edison fracasó miles de veces antes de inventar la bombilla. La naturaleza de la experimentación es el fracaso; una vez has triunfado ¿qué vas a experimentar? Pero si perseveras, acabarás triunfando.

Las direcciones de Alexander

Las direcciones de Alexander son cuatro:

Una dirección es el nombre que se utiliza en la jerga Alexander para definir lo que aprenderás en las clases para reeducar tu coordinación. En este capítulo veremos las dos primeras.

A la hora de «dar direcciones» tenemos que tener en cuenta dos aspectos: el primero, y más importante, es la *calidad del pensamiento*: ¿Estás siendo delicado o agresivo? Ya hemos comentado este tema en el capítulo 3. El segundo aspecto a tener en cuenta es *en qué estás pensando en realidad*: ¿En qué dirección piensas que están yendo las partes de tu cuerpo? De esto trata este capítulo. Voy a ayudarte a que descubras el tipo de pensamiento que necesitas para estas dos primeras direcciones, aunque es un objetivo bastante ambicioso. No muchos lectores conseguirán seguirme. A fin de cuentas, Alexander estuvo muchos años trabajando en sí mismo, por lo que, dudo que tú lo consigas rápidamente.

Por esta razón, permíteme que te dé algunas advertencias en relación con estos experimentos:

Primera: la suposición en la que se basan todos estos experimentos es que yo ya sé cómo estás haciendo un mal uso de ti mismo, pero ¿cómo lo puedo saber? A lo mejor tú no echas la cabeza hacia detrás y hacia abajo; yo he conocido tres personas que no lo hacían. Lo que he hecho es aprovechar mis muchos años de experiencia como profesor para ilustrar lo que un profesor denomina el «clásico hábito de tirar la cabeza hacia abajo», que es lo que la mayoría de nosotros hacemos. Fíjate que he dicho «la mayoría», y no todos. Quizás tú eres la excepción. Si este es tu caso, gran parte de lo que escribo aquí no tendrá sentido para ti, en cuyo caso te pido perdón. Es un riesgo que corro y una limitación de la escritura.

Segunda: si experimentas por ti mismo la información que contiene este capítulo, pero ignoras la necesidad de controlar la delicadeza de tu pensamiento y de tus movimientos, te perjudicarás a ti mismo. No hay duda. En lugar de mejorar tu coordinación, lo más probable es que desarrolles nuevos hábitos de tensión innecesaria y acabes con dolores y molestias que antes no tenías. Lo mejor que puedes hacer para entender las cuatro direcciones es asistir a clases. Si lo haces, verás que este capítulo te ayuda enormemente a entenderlas. Es cierto que las clases cuestan dinero, pero ahorran tiempo, y ¿acaso tu tiempo no vale nada?

En fin, esto no son más que recomendaciones para utilizar esta información. Por lo menos te he advertido.

Definiciones

Antes de proseguir, me gustaría asegurarme de que estamos de acuerdo con lo que entendemos por «cabeza» y «cuello», y todos los demás términos comunes que utilizamos para describir las partes de nuestro cuerpo. Cuando empleamos una palabra, suponemos inconscientemente que todos entendemos lo mismo por esa palabra. No hace falta que explique que esto es una falacia. Pregúntale a alguien el significado de la palabra «Dios» y te darás cuenta de a qué me estoy refiriendo. Palabras tan simples como «cabeza» y «cuello», igual que la palabra «Dios», tienen diferentes significados para cada persona. Alexander dijo:

> «Ten cuidado con lo que está escrito: quizás no lo leas de la misma manera que está escrito».

El cuello

El cuello está centrado en las siete primeras vértebras cervicales, tal como muestra la Figura 6.1, junto con otros músculos que no se ilustran en ella. Como trabajo de investigación para estos experimentos, estudia los músculos del cuello que están unidos a estas vértebras. Algunos de ellos se prolongan hacia la zona lumbar. Por la parte frontal se extienden por encima de la caja torácica como muestra la Figura 6.1. Las siete vértebras individuales que forman la espina cervical dentro del cuello son más anchas de lo que crees. Si te tocas debajo del lóbulo de la oreja notarás un bulto duro y sensible que es el atlas, la primera vértebra cervical. Las demás vértebras no son tan anchas pero lo son más de lo que la mayoría de la gente cree.

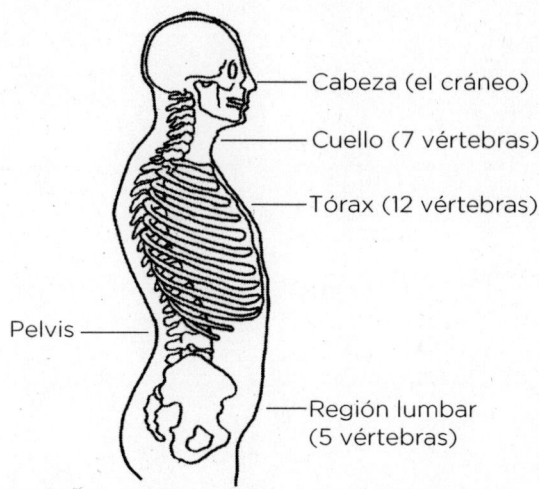

Cabeza (el cráneo)

Cuello (7 vértebras)

Tórax (12 vértebras)

Pelvis

Región lumbar
(5 vértebras)

Figura 6.1. Las palabras cuello, tórax, lumbares y pelvis
se pueden definir en relación con las diferentes
vértebras de la columna vertebral como muestra la imagen.

El tórax o caja torácica

La siguiente parte del cuerpo se compone de 12 vértebras
torácicas que se unen a las costillas, como puedes ver en
la Figura 6.1. Cada una de las costillas que componen la
caja torácica se mueve de manera diferente. No es necesario que conozcas estos movimientos, pero sí date cuenta
de lo flexible que es. Las costillas son como si fueran ba-
rras de plástico, no de hierro; por tanto son flexibles y se
mueven individualmente.

La zona lumbar

La zona lumbar se compone de las cinco últimas vértebras
lumbares (*véase* Figura 6.2) que se diferencian porque
ninguna de ellas está unida a una costilla. Después de ellas,

pero ocultos por la pelvis, se encuentran el hueso sacro y el coxis, que están dentro de la pelvis. Si piensas en la columna vertebral en su conjunto, y en especial en la zona lumbar, te darás cuenta de que es enorme. Mucho más grande de lo que imaginas. La región lumbar es tan ancha como la parte más alta del muslo; imagínate, es como si tuviéramos otra pierna en medio del torso.

La pelvis

La pelvis está formada por tres huesos unidos entre sí. Es la encargada de manipular la transferencia del peso de la columna hacia las piernas, pero también es donde se unen los músculos de ambas piernas y la zona lumbar. Hay un músculo muy importante que es el que conecta estas dos partes: el músculo psoas, que muestra la Figura 6.2. Estúdialo; si sientes la acción de este músculo aprenderás mucho sobre las conexiones entre la zona lumbar de la espalda y las piernas.

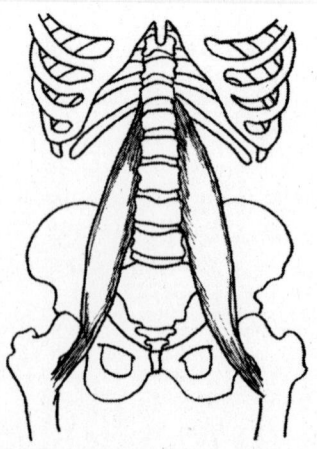

Figura 6.2. Muestra el músculo psoas, que conecta nuestras piernas con la zona lumbar. En la imagen sólo se muestra una parte.

El torso y la columna vertebral

El torso es el nombre que se le da al conjunto formado por el cuello, la caja torácica, la zona lumbar y la pelvis; también incluye los intestinos, la carne y la piel que dan forma a tu cuerpo. ¿Qué es la columna vertebral? Es una compleja estructura formada por todas las vértebras que van conectadas al cuello (7 vértebras), la caja torácica (12 vértebras) y la zona lumbar (5 vértebras), y las vértebras que se unen para formar los huesos sacro y coxis.

Imagínate un dibujo de tu columna vertebral que muestra su posición y grosor en tu torso. Mucha gente cree que la columna vertebral son esas protuberancias que se notan en la espalda; cree que no es más que un pequeño tubo ubicado cerca de la espalda. ¡Está equivocada! La columna vertebral es una estructura gruesa de soporte e integración que no podría realizar su función si fuera como la gente imagina. Estas protuberancias son los extremos de las vértebras, denominados procesos espinosos (Figura 6.3). La parte principal que soporta el peso de la columna es el «cuerpo» de cada vértebra, ubicado más en el interior, hacia el centro del torso.

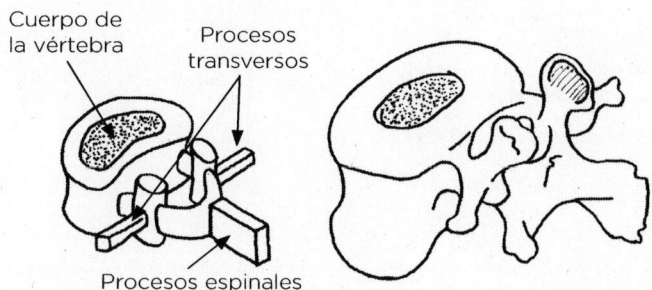

Figura 6.3. Esta es una vértebra típica de la columna en forma esquemática (izquierda) y un ejemplo de vértebra lumbar (derecha). Fíjate en las tres «vigas» denominadas procesos espinales y transversos, a las que se unen los músculos.

El movimiento primario

Las cuatro direcciones hacen referencia a lo que Alexander describió como «el movimiento real y primario» de tu cuerpo. Dicho de una manera más simple: la cabeza lidera y el cuerpo la sigue. Alexander lo denomina «control primario».

¿Hacia dónde lleva tu cabeza a tu cuerpo? También es bastante sencillo. Mira la Figura 6.4: la cabeza puede hacer que tu cuerpo se alargue (en cuyo caso te sentirás libre y ligero) o puede comprimirlo (en cuyo caso sentirás tensión e incomodidad).

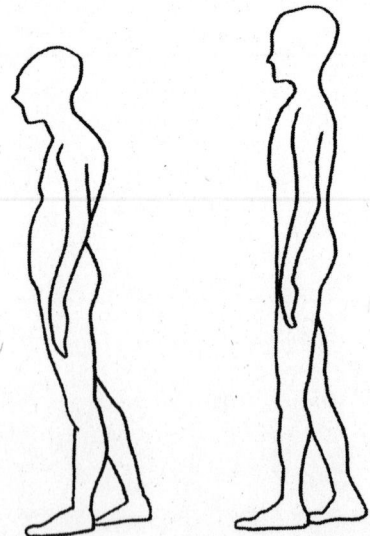

Figura 6.4. La figura de la izquierda está acortando o comprimiendo su cuerpo al caminar, mientras que la de la derecha lo alarga.

La relación de tu cabeza/cuello con tu cuerpo está siempre influyendo en tu coordinación, en ocasiones beneficiándola, pero muchas veces dañándola. Si sueles tener tensión en el cuello, dolor en la espalda o en las rodillas, dificultades para respirar, torceduras frecuentes o tensión innecesaria de cualquier tipo, me juego lo que quieras a que estás tirando la cabeza hacia atrás y hacia abajo.

A continuación expongo una actividad sencilla para experimentar el funcionamiento de este «control primario» en ti mismo. Colócate en el suelo a cuatro patas y pídele a un amigo que te coja suavemente la cabeza con sus manos como muestra la figura.

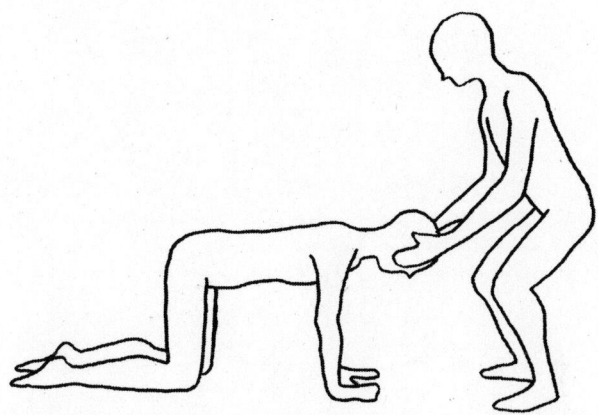

Figura 6.5. Esta simple actividad puede generar a la persona una clara experiencia de cómo funciona el principio de «control primario» de Alexander.

Ahora pide a tu amigo que te ayude con delicadeza a girar la cabeza hacia la izquierda o hacia la derecha. Notarás que esto te impulsa a gatear en la dirección hacia la que has girado la cabeza. Intenta no ir en esa dirección. Deja tu cabeza libre para que la dirija tu compañero, pero al mismo tiempo intenta gatear en dirección contraria. Es prácticamente imposible a no ser que muevas la cabeza hacia la misma dirección. La cabeza lidera y el cuerpo la sigue.

PRIMERA PARTE: descubrir las direcciones

La postura preliminar

Primero, tal como hizo Alexander, usa por lo menos dos espejos, como muestra la Figura 6.6, para ver fácilmente tu perfil sin tener que girar el cuello.

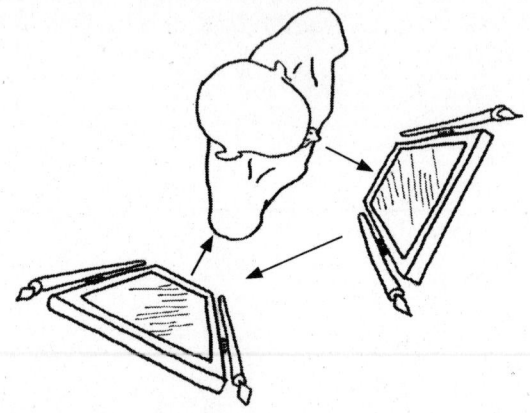

Figura 6.6. Coloca dos espejos como muestra la imagen para poder ver tu perfil sin tener que girar el cuello.

Todos estos experimentos se realizan de pie, así que tengo que explicar cuál es la postura preliminar correcta. Por ahora, seguro que ya tienes idea de cuáles son las posturas correctas e incorrectas. A lo mejor hasta intentas ponerlas en práctica cuando estás de pie y procuras mantener una postura más erguida.

¿Por qué iba a querer alguien mantener una postura erguida? Evidentemente, porque mantiene una postura desgarbada. Por lo tanto, la acción de mantener una postura erguida necesita la existencia de una postura desgarbada, ¿no es cierto? Si nadie se encorvara, no existiría la necesidad de mantenerse erguido. Esto quiere decir que la acción de encorvarse y la de mantenerse erguido no son dos acciones independientes; son las dos caras de la misma moneda. Para que exista una cara de la moneda, ha de existir también la otra. ¿Te imaginas una moneda que sólo tenga una cara? Pues lo mismo ocurre cuando hablamos de encorvarse y mantenerse erguido. Ambos existen al mismo tiempo; son las dos caras de la misma cosa.

Puesto que el punto fundamental de estos experimentos es que aprendas a liberarte del todo del hábito de encorvarte, el método de mantenerse de pie erguido no funcionará. Así que no intentes corregir tu postura de ninguna manera. Simplemente, adopta tu postura habitual. A lo mejor no te gusta cómo te sientes o te ves, pero es la verdad. Acéptala.

Por lo tanto, para realizar estos experimentos adopta tu postura habitual.

La primera dirección

Una vez determinada la naturaleza de este movimiento primario, la siguiente pregunta tiene que ser: ¿Cómo puede mi cabeza ayudarme a estirarme en lugar de acortarme como muestra la Figura 6.4? La respuesta de Alexander es su primera dirección y dice algo así como: que *deja libre tu cuello de tal manera que la cabeza pueda ir hacia delante y hacia arriba.*

Mi profesora Marjorie Barstow tradujo esta primera dirección en: mueve delicadamente tu cabeza hacia delante y hacia arriba. Esta afirmación le llevó a tener muchos problemas con los profesores más tradicionales de la TA. Ellos pensaban que diciéndolo así estaba animando a sus alumnos a seguir la dirección «hacia delante y hacia arriba» tensando su cuello, lo cual es del todo incorrecto. Marj tenía sus razones, y estoy de acuerdo con ella, pero este punto demuestra que los profesores de la TA se preocupan mucho por las palabras y hacen bien. La manera en que piensas es la manera en que te mueves. *El trabajo de Alexander hace más hincapié en tus pensamientos que en tus movimientos.*

Hay una gran cantidad de información en la primera dirección de Alexander. Analicémosla por partes: *deja que tu cuello esté libre...*

Esto no es un movimiento, es un recordatorio de un aspecto importante de tu pensamiento: su calidad. El pensamiento «agresivo» induce a la contracción mientras que el «delicado» induce al estiramiento. No pienses en tu mente o en tus pensamientos como dos cosas independientes de tus movimientos corporales, porque tus pensamientos *son* el comportamiento de tus músculos.

Lo único que un músculo puede hacer es contraerse; un músculo no puede alargarse. El alargamiento se produce cuando un músculo deja de contraerse. Así pues, *dejar libre el cuello* no es algo que tú puedas hacer, sino que es el resultado de *no hacer* algo. Vuelve a mirar la Figura 3.4.

A veces, el trabajo de Alexander puede volverte loco porque es totalmente contradictorio con lo que estás acostumbrado a hacer con tu coordinación. Pero ten paciencia y recuerda siempre: tú no puedes «hacer» ninguna de las direcciones sino que cada una de ellas consiste en *prevenir* o *dejar de hacer* lo que estás haciendo. Vuelve a leer el capítulo 3 si todavía no entiendes este punto, ya que es fundamental para todo.

Ahora las siguientes palabras: *...de tal manera que...*

Hay gente que piensa que dejar el cuello libre quiere decir dejar caer la cabeza como si fuera una muñeca de trapo.

Los profesores de la TA no piensan así. Para ellos, dejar el «cuello libre» es lo que permite que la cabeza vaya «hacia delante y hacia arriba»; es algo dinámico, vivo y equilibrado. Así pues, liberas tu cuello *de tal manera* que se consigue este resultado.

El «cuello libre» no quiere decir «sin tensión». Tiene que haber tensión porque si no la cabeza se inclinaría como cuando tienes sueño y das cabezadas, debido a la forma en que está equilibrada con tu columna vertebral (*véase* Figura 6.7).

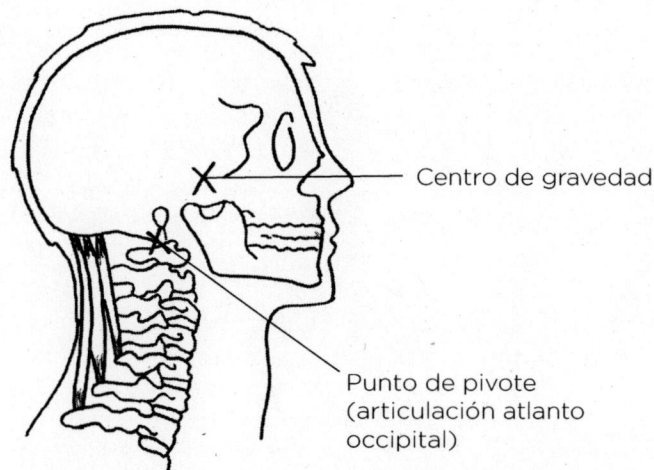

Centro de gravedad

Punto de pivote
(articulación atlanto
occipital)

Figura 6.7. El centro del peso de la cabeza, denominado «centro de gravedad», está situado en frente del punto de intersección entre la cabeza y la columna vertebral, denominado «punto de pivote». Por esto la cabeza tiende por naturaleza a caer hacia delante.

La verdadera pregunta es: ¿Cuánta tensión? Y la respuesta es: la suficiente para que la cabeza no caiga hacia atrás y hacia abajo, lo cual quiere decir que tiene que ir hacia delante y hacia arriba.

Ahora las últimas palabras de esta primera dirección: [...] *la cabeza pueda ir hacia delante y hacia arriba...*

Alexander no descubrió la dirección «hacia delante y hacia arriba»; él descubrió la contraria: hacia atrás y hacia abajo. Así que, por muy tentado que esté de describir el movimiento «hacia delante y hacia arriba», no lo haré, porque sería una manera incorrecta de comenzar. Lo ideal es empezar, tal como hizo Alexander, por descubrir lo que quiere decir su contrario: «hacia atrás y hacia abajo».

Definir los movimientos de la cabeza y del cuello

Para aclarar nuestra discusión sobre estos movimientos «hacia atrás y hacia abajo» de la cabeza y del cuello, definiré los términos que emplearemos a partir de ahora.

Primero realiza esta sencilla actividad: inclina únicamente la cabeza hacia delante. Hazlo ahora. ¿Has inclinado también el cuello hacia delante? En el 99 por ciento de los casos la respuesta es «sí», a pesar de que he dicho *únicamente* la cabeza. ¿Por qué lo hacemos? Porque la mayoría de la gente piensa en el cuello y la cabeza como una unidad y no como dos elementos independientes que se combinan para hacer movimientos. De hecho, la articulación superior de la columna vertebral está a la altura de los lóbulos de la oreja como muestra la Figura 6.8 (*véase* también la Figura 6.7).

Ahora simplemente inclina la cabeza hacia delante, fijándote en que únicamente se mueva esta articulación de la cabeza/cuello, denominada *articulación atlanto occipital* (*véase* Figura 6.7). Descubrirás que el movimiento es diminuto, prácticamente insignificante. Si a ti te parece que haces un gran movimiento, mira en el espejo y comprueba si estás inclinando también el cuello hacia delante.

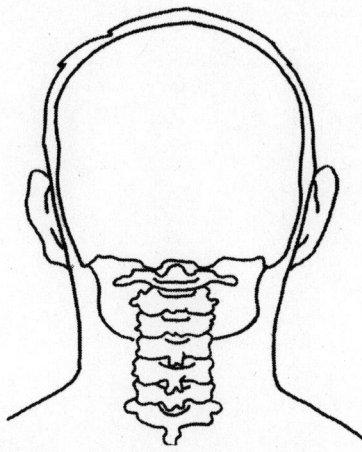

Figura 6.8. Observa que nuestra columna vertebral llega hasta detrás de la mandíbula, a la altura de los lóbulos de la oreja.

Mira las Figuras 6.9, 6.10 y 6.11 que muestran las formas críticas de mover la cabeza y el cuello. Yo utilizaré las expresiones: «cabeza hacia delante» (Figura 6.9 a); «cabeza hacia atrás» (Figura 6.9 b); «cabeza metida para dentro» (Figura 6.11 c); «cuello hacia arriba» (Figura 6.10 c); «cuello hacia abajo» (Figura 6.10 b). Dedica algo de tiempo a entender el significado visual de estos términos comparando los dibujos con la relación de tu cabeza/ cuello en el espejo en los dos experimentos que vienen a continuación hasta que lo tengas bastante claro. Por simplicidad, no he comentado los movimientos rotativos que también ocurren.

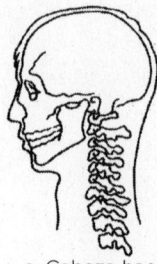
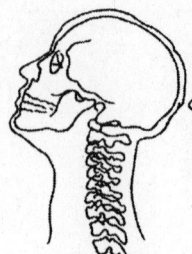
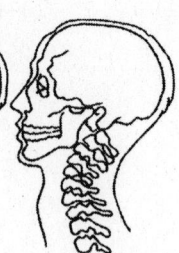

a. Cabeza hacia delante, cuello hacia arriba

b. Cabeza hacia atrás, cuello hacia arriba

c. Cabeza hacia atrás, cuello hacia abajo

Figura 6.9

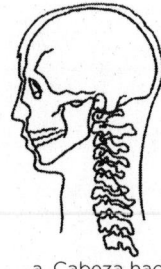
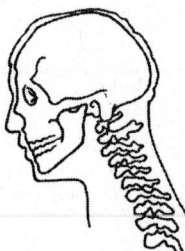
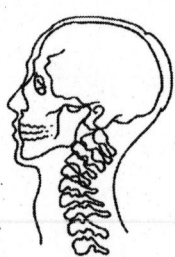

a. Cabeza hacia delante, cuello hacia arriba

b. Cabeza hacia delante, cuello hacia abajo

c. Cabeza hacia atrás, cuello hacia abajo

Figura 6.10

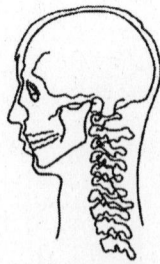
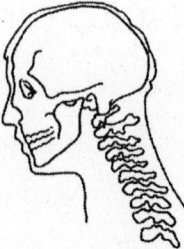
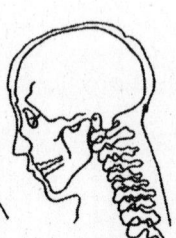

a. Cabeza hacia delante, cuello hacia arriba

b. Cabeza hacia delante, cuello hacia abajo

c. Cabeza metida hacia dentro, cuello hacia abajo

Figura 6.11

Primer experimento: descubrir el movimiento «hacia atrás y hacia abajo»

Vuelve a leer el apartado anterior «La postura preliminar» y apréndela bien antes de empezar este experimento.

Primero, mírate bien. ¿Está moviéndose tu cabeza? Al principio dirás: «No, no se mueve». Estás equivocado. Se está moviendo. Vuelve a mirar con atención. Sé paciente y sigue mirando hasta que te des cuenta de que sí se está moviendo un poco. Ahora, ya estás preparado para empezar a observar tus movimientos.

Di algo y observa hacia dónde se mueve tu cabeza. Haz este experimento una y otra vez, por lo menos veinte o treinta veces, hasta que estés seguro de verte haciendo casi la misma cosa cada vez que hablas. Harás otras cosas ligeramente diferentes cada vez, pero siempre habrá una cosa que es constante. ¿Puedes identificarla? ¿No? Ahora entenderás lo que le pasaba a Alexander. En ese momento, él tampoco podía verla.

Lo que Alexander hizo a continuación fue algo así: continúa observando, pero ahora grita «¡hola!». Hazlo varias veces. ¿Qué hacen ahora tu cabeza y tu cuello? Seguro que mucho más. Para la última parte de este experimento, empieza comparando varias veces, las dos acciones, hablar y gritar, preguntándote si son diferentes. Lo serán, pero ¿en qué medida? ¿Cómo mueves tu cabeza y tu cuello cada vez? Tendrás que dedicar varias sesiones a este ejercicio. ¿Recuerdas la cita de Alexander sobre la necesidad de disciplina?

Persevera con estos experimentos pacientemente, realizando ambas actividades de hablar y gritar hasta que descubras qué estás haciendo con la cabeza y el cuello. La mayoría de los que hacen este experimento notan que tiran la cabeza *hacia atrás* y levantan la mandíbula, tal como muestra la Figura 6.9 b, y al mismo tiempo *bajan el cuello* como muestra la Figura 6.10 b, para crear un efecto combinado de cabeza hacia atrás y cuello hacia abajo como muestra la Figura 6.9 c. A lo mejor tú eres uno de los pocos que *metes la cabeza hacia dentro* mientras tiras el cuello hacia abajo como muestra la Figura 6.11 c.

Algunos lectores se estarán preguntando cuándo van a intentar mover la cabeza hacia delante y hacia arriba. Bueno, pues todavía no. Primero, igual que Alexander, tienes que encontrar el problema. Esto es, dedicar tiempo a observar y aprender sobre cómo te estás coordinando en este momento. Trabaja en ello hasta que tengas bien claros los movimientos que hacen tu cabeza y tu cuello. Antes de aplicar cualquier remedio relativo a las direcciones de Alexander, es importante que analices el efecto constante que esos movimientos tienen sobre el resto de tu coordinación.

La segunda dirección

Aquí está la segunda dirección, añadida a la primera: *(1) deja que tu cuello esté libre, de tal manera que la cabeza pueda ir hacia delante y hacia arriba (2) para dejar que el cuerpo se alargue...*

Entender estas direcciones es como hacer malabarismos con cuatro bolas a la vez. Ahora que estás mirando una bola, te voy a pedir que mires la segunda. Se complica, ¿verdad?

[...] *para dejar que el cuerpo se alargue...* Como ya he explicado antes, no tienes que pensar en tu cuello como un elemento aislado. Lo que tu cuello hace está conectado con el movimiento de todo tu torso: cuando estás de pie, para compensar la inclinación de tu cuello hacia abajo, arqueas el torso hacia atrás desde la zona lumbar, lo cual, a su vez, incrementa la curva de esta zona, y como resultado, empujas hacia delante las caderas, tal como muestra la Figura 7.12 b.

Segundo experimento: descubrir el «acortamiento»

Empieza con la postura preliminar y con los espejos colocados como muestra la Figura 6.6. Igual que en el primer experimento, empieza simplemente observando. La tentación es empezar a «corregir» las cosas reajustando la postura. No lo hagas. Mantente quieto y observa. Al observar, te darás cuenta de que no puedes estar totalmente quieto; es imposible. Poco a poco, estás balanceándote hacia detrás y hacia delante, y en círculo.

Observa este movimiento durante un tiempo y mira si puedes percibir algún patrón en él. ¿Tiene quizás alguna relación con tu respiración? A lo mejor sí, a lo mejor no, eres tú quien lo ha de descubrir. Recuerda que sólo estás experimentando, así que no pienses que todo lo que diga lo vas a experimentar; eres tú quien tiene que comprobar la información por ti mismo. Ten cuidado de no encontrar lo que estás buscando. Encuentra lo que de verdad está ocurriendo y mira si concuerda con mi descripción.

Ahora que has notado este movimiento de balanceo sutil, analízalo más atentamente. Por ejemplo, ¿ocurre sobre todo en la articulación del tobillo? ¿Puedes percibir algún movimiento entre la caja torácica y las lumbares? ¿Cómo afecta este movimiento al equilibrio de tu cabeza y cuello? A continuación, expongo algunas cosas en las que has de fijarte.

Los movimientos del tórax y del torso

Observa el movimiento de tu tórax cuando estás de pie. Lo más probable es que veas que cuando el tórax se hunde, toda la parte superior del torso se arquea hacia detrás por la zona lumbar. Veamos con más detalle estos dos movimientos.

Primero: comprueba si tu cabeza se va hacia atrás y el cuello hacia abajo como muestra la Figura 6.9c. Si es así, ¿sientes que la compresión hacia abajo de tu tórax es el resultado de esta presión que ejerce sobre él tu *cuello al tirar hacia abajo,* como muestra la Figura 6.12a? El tórax se hunde por la fuerza que el cuello realiza sobre él. Pero esto no es lo único que ocurre.

Segundo: cuando tu tórax se hunde hacia el estómago e intentas balancearte hacia atrás, ¿notas que tu torso se mueve hacia atrás en el espacio y arquea la espalda en la zona lumbar? Si sientes presión o tensión en los lumbares, ¿incrementa esta tensión cuando te tiras hacia atrás? Continúa sintiendo esta tensión mientras observas el movimiento de tu torso y, poco a poco, aparecerá claramente el patrón.

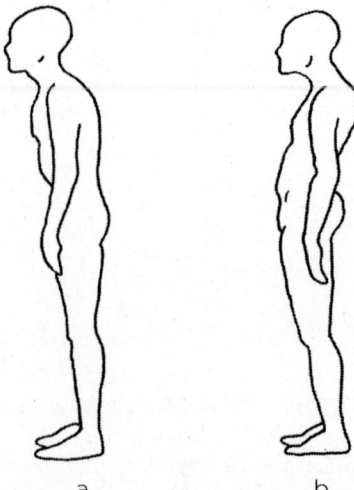

a   b

Figura 6.12. La Figura *a*) muestra la inclinación del cuello hacia abajo y el hundimiento del tórax mientras que la Figura *b*) muestra cómo el torso se inclina hacia atrás desde la zona lumbar, tirando la pelvis hacia delante y las rodillas hacia atrás.

Los movimientos de la pelvis y de las piernas

Observa ahora el movimiento de tu pelvis durante este movimiento del torso. Cuando el torso se inclina hacia detrás desde la zona lumbar, ¿hacía qué dirección empuja tu pelvis? ¿Se arquea incrementando la curva hacia dentro de la zona lumbar? ¿Se mueve toda la pelvis hacia delante para contrarrestar el movimiento hacia atrás del torso? Si observas atentamente, te darás cuenta de que ocurren las dos cosas.

Observa cada movimiento en la Figura 6.13.

Primero, desde su posición inicial, dibujada por las líneas de puntos, tu pelvis probablemente se arquee hacia detrás y hacia arriba, incrementado así la curva de la zona lumbar. Esta curva cóncava es también el resultado de la inclinación hacia atrás de tu tórax (cuya posición inicial está dibujada con las líneas de puntos) y de tu torso, siendo la zona lumbar el pivote de este movimiento. Juntas, estas dos acciones provocan una curvatura cóncava mayor de la zona lumbar y, de paso, una mayor tensión y dolor potencial.

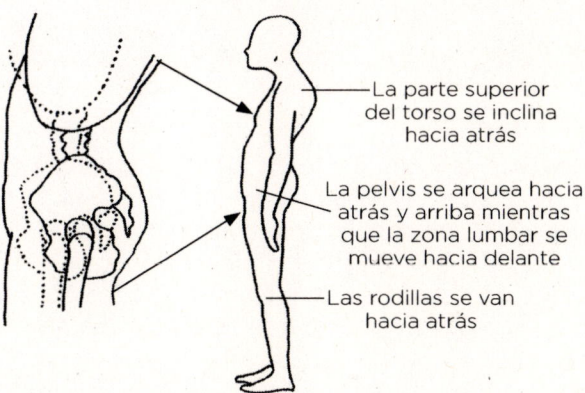

La parte superior del torso se inclina hacia atrás

La pelvis se arquea hacia atrás y arriba mientras que la zona lumbar se mueve hacia delante

Las rodillas se van hacia atrás

Figura 6.13. La curva de la zona lumbar se exagera por los movimientos de todo el torso, mientras que la caja torácica se inclina hacia atrás cuando la pelvis se arquea hacia arriba. Los puntos de la figura muestran su posición original.

Segundo, tu pelvis se puede mover hacia delante (y arquearse hacia arriba) porque tus piernas se mueven también hacia delante desde las articulaciones de los tobillos, algo así como si llevaras tu peso hacia las puntas de los pies. De todas formas, tu peso no se mueve hacia delante porque para contrarrestar esto bloqueas tus rodillas hacia atrás.

Analiza con detenimiento lo que he descrito (mira la Figura 6.13 para ver su efecto total) observando y sintiendo tu propia coordinación. ¿Haces tú también estos movimientos? Recuerda que no estamos hablando de algo fijo, sino de una actividad continuada que se realiza poco a poco. Es cierto que te puedes sentir pesado y tenso, pero no lo confundas con estar fijo. La tensión es una actividad de pequeños movimientos que se pueden ver. Recuerda que se trata de un baile exquisitamente sutil.

Ahora que ya has dedicado un buen rato a observar estos movimientos en ti mismo, estás preparado para probar la aplicación de los remedios de Alexander basados en estas dos primeras direcciones. Si no has entendido del todo la parte anterior, por favor ten paciencia, retrocede y continúa observando tu coordinación hasta que veas claro en ti el patrón que he descrito anteriormente.

Si te parece que todo esto es demasiado sutil y complicado para ti, recuerda mi consejo anterior: estos experimentos serán más útiles si los haces en una clase en lugar de por tu cuenta. De todas formas, con una actitud sincera y dedicada, y con diligencia, paciencia, concentración y entusiasmo, creo que podrás hacer mucho por tu cuenta.

Segunda parte: aplicar las direcciones

Tercer experimento: experimentar el movimiento «hacia delante»

Colócate en frente de los espejos y dedica tiempo a observar el suave flujo del movimiento de balanceo que he descrito en el segundo experimento. Ahora, repite todo el análisis de los dos experimentos anteriores. Para ello, Alexander trabajaba en tres pasos:

1. *Analizar el modo de uso de uno mismo en el presente.* Primero, cuando te balanceas ¿qué hacen tu cabeza y tu cuello? ¿Tiras la cabeza *hacia atrás* y elevas ligeramente la mandíbula como muestra la Figura 6.9 c? Si esto ocurre, ¿puedes sentir algún incremento de tensión en tu cuello cuando te balanceas hacia atrás? Si es así, quiere decir que los músculos que pueden tirar de tu cabeza *hacia atrás* se están tensando. ¿Sientes que tu cabeza *se mete hacia dentro* como muestra la Figura 6.11 c? En este caso lo sentirás menos como un movimiento y más como una posición de sostén. Dedica por lo menos cinco minutos a sentir tu coordinación, hasta que emerja una imagen clara de cómo se mueve tu cabeza desde la parte superior de tu columna vertebral.

   Ahora, mientras continúas analizando el movimiento hacia atrás de la cabeza, ¿puedes sentir cómo este movimiento presiona y tira hacia abajo tu cuello como muestran las Figuras 6.10 b y 6.11 c? ¿Puedes sentir cómo tu cuello presiona tu tórax y hace que se hunda?

   Mientras sigues teniendo presentes todas estas sensaciones, analiza el movimiento de tu torso en el espacio. ¿Se cae hacia atrás provocando que se curve la zona lumbar? Para darte cuenta de esto te será útil tomar conciencia de tu respiración. ¿Sientes que respiras con dificultad? ¿Puedes intuir alguna relación entre los movimientos y la tensión que estás haciendo con este problema de respiración?

Continúa controlando todo esto, regresando y comprobando continuamente el estado de todas estas relaciones, hasta que al final sientas la acción de tu pelvis y de tus piernas. ¿Está tu pelvis tirando hacia arriba y hacia atrás e incrementado el arco de tu espalda?

¿Puedes sentir cómo esto forma parte del movimiento de tu tórax, cuello y cabeza? ¿Y cuando tu torso se dobla hacia atrás arqueando la espalda, puedes sentir cómo tu pelvis empuja hacia delante?

Por último, y mientras sigues prestando atención a *todo* lo anterior, mira la acción de las rodillas: ¿se tiran hacia atrás?, ¿cuándo?, ¿tiene que ver también con este patrón de tirar hacia abajo?, ¿puedes notar que las rodillas se bloquean hacia atrás cuando tu pelvis tira hacia delante?

Observando toda esta actividad llegarás a entender el segundo paso que Alexander expresó como:

2. *Seleccionar (razonar) los medios por los que podría hacerse un mejor uso de sí mismo*. Los «medios por los que» son por supuesto las direcciones de Alexander, pero no pueden ser exactamente las mismas cada vez que las utilizas. ¿Por qué? Porque el mapa (tus direcciones) no es el territorio (tu coordinación). Lo que Alexander pretende con este segundo paso es que relaciones sus direcciones con tu coordinación *específica*. Las direcciones de Alexander son

tendencias contrarrestadas que dependen de lo que se percibe que *ya está ocurriendo*. Si no las relacionas con los detalles específicos de tu coordinación de cada momento, te convertirás en un «Alexandroid»; es decir, simplemente impondrás un conjunto de hábitos sobre otros.

Una vez conozcas los detalles de tu coordinación, podrás empezar a divertirte. Para ello tendrás que aplicar el tercer y último paso de Alexander:

3. *Proyectar conscientemente las direcciones requeridas para hacer efectivos estos medios*. Empieza por pensar muy sutilmente en tirar tu *cabeza hacia delante* (no tu cuello) cuando sientas que tira hacia atrás. Esto no lo conseguirás hasta que sientas la tensión al tirarla hacia atrás. Es una cuestión de coordinación. En cuanto sientas un ligero incremento de la tensión en la parte trasera del cuello, que puede producirse durante los movimientos hacia detrás y hacia delante, piensa en liberar la tensión de los músculos del cuello de forma que permitan a tu cabeza inclinarse hacia delante. Al hacerlo, comprueba que no estás tensando la barbilla ni la garganta, lo que ocurrirá si tensas los músculos para tirar la cabeza hacia delante en lugar de estirar los músculos que la tiran hacia atrás.

Continúa con esta liberación de la cabeza *hacia delante* dejando libres los músculos del cuello; cada vez los liberarás un poco más. Es curioso que cuanto más liberes la cabeza *hacia delante*, más fácilmente notarás como se tensa hacia atrás. La sensación nunca será la misma; por esto es esencial que liberes la cabeza hacia delante *relacionando* esta liberación con la sensación de que tira hacia atrás. Es por esto que te he dirigido para que al principio pases un rato sin apenas hacer nada, simplemente familiarizándote con tus patrones de coordinación. Es también por esto por lo que el trabajo de Alexander es tan diferente a cualquier otra técnica de «mejora postural»: no estás aprendiendo nada nuevo; estás desaprendiendo lo que ya estás haciendo.

Alexander dijo:

«En cuanto la gente se haga la idea de que lo que tiene que hacer es desaprender y no aprender, estará preparada para hacer lo que se pretende».

Incluso este pequeño experimento, si se hace con delicadeza y precisión, manifestará una sutil mejora en el patrón de movimiento de todo el cuerpo. Sentirás que tu respiración está menos limitada, o que se reduce la presión de la zona lumbar, o que el esfuerzo de mantenerte de pie es menor. Si no sientes esto, retrocede y observa con más atención, y sigue repitiendo este experimento hasta que sientas que esta ligera relajación de tu cabeza *hacia delante* afecta a todo tu patrón de movimiento. La persistencia al final dará sus resultados, la impaciencia no.

Revisar el movimiento «hacia delante y hacia arriba»

Para estos experimentos tendrás que tener bien claro lo que significa el movimiento «hacia delante y hacia arriba» y cómo este se relaciona con los movimientos de la cabeza y del cuello. «Hacia delante» se refiere al movimiento de tu cabeza y sólo de tu cabeza; no quiere decir que tengas que bajar el cuello. Si haces este movimiento, es decir, si dejas que tu cuello vaya hacia abajo como muestra la Figura 6.11c, es como si estuvieras haciendo una reverencia como las que hacen en Japón. En realidad, lo que quiere decir tirar la cabeza *hacia delante* es evitar que se vaya hacia atrás como muestra la Figura 6.9b. Por decirlo de otra manera, se trata de mantener el equilibrio de la cabeza. Podemos decir que si la cabeza no se va hacia atrás, no hay motivo para pensar en tirarla hacia delante porque *ya lo está haciendo*.

«Hacia arriba» hace referencia a tu cuello y a todo tu cuerpo. Aunque hay más de cien músculos que tiran de tu cuello hacia abajo, como muestra la Figura 6.10b, únicamente conseguirás tirar el cuello hacia arriba (Figura 6.10a) si relajas estos músculos. Es útil reconocer la presencia de los músculos escaleno y esternomastoideo (Figura 6.14), y la función que realizan en el alargamiento para que tu cuello pueda mantenerse arriba sin tensión, antes de proceder al siguiente experimento.

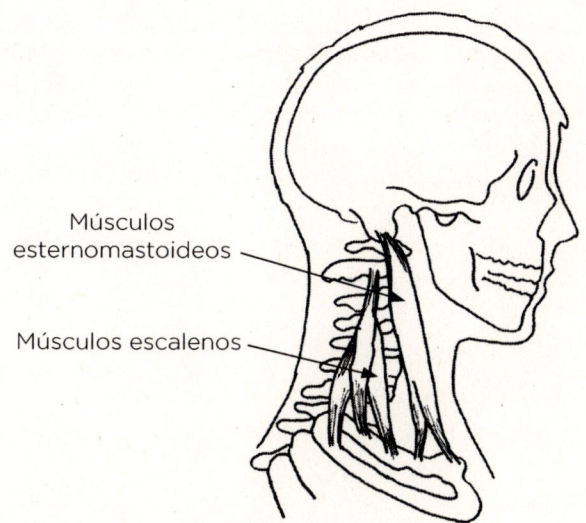

Músculos esternomastoideos

Músculos escalenos

Figura 6.14. La acción combinada de los músculos escalenos y esternomastoideos puede tirar de tu cuello hacia abajo o hacia arriba.

Cuarto experimento: experimentar el movimiento «hacia delante y hacia arriba»

Como ya eres consciente de la inclinación de la cabeza *hacia delante*, toma conciencia de la presión hacia delante y hacia abajo que resulta del movimiento *hacia abajo del cuello* (Figura 6.11 b). ¿Puedes liberar esta presión reduciendo la tensión en el cuello tirándolo *hacia arriba* como muestra la Figura 6.9 a? Esto puede llevarte mucho tiempo. Es fácil hacer ver que el cuello va hacia arriba (y atrás) si *incrementas* la tensión; todo el mundo lo puede hacer. Pero el tema está en experimentar hasta que seas capaz de pensar en tirarlo hacia arriba *reduciendo* la sensación de tensión. La clave está en asegurarse de que tu cabeza continúa en su orientación *hacia delante* mientras experimentas la liberación del *cuello hacia arriba* y atrás.

En tu ansia por prosperar, puede ocurrir que te engañes a ti mismo diciendo que no hay un incremento de tensión en tu cuello. Esta necesidad de libertad y alivio de tu cuello es el principio rector de tu experimento: *antes de proseguir tienes que ser capaz de conseguir aunque sea un poco de libertad y alivio*. Esto puede tardar meses o puede ocurrir instantáneamente. Cada persona es diferente y por tanto nunca se sabe cuándo puede ocurrir.

Para prosperar tienes que trabajar creativamente. Aquí tienes algunos consejos que te pueden ayudar.

Primero: familiarízate con la organización muscular de esta parte del cuerpo. Hay un «grupo» importante de músculos que trabajan desde el cuello hasta los hombros, algunos de los cuales se muestran en la Figura 6.14. Son estos músculos los que tienen que alargarse. Segundo: recuerda que alargar un músculo significa hacer menos, pero no quiere decir relajarlo completamente. Tercero: al alargar delicadamente el cuello, este se libera de tu tórax pero además tu tórax se libera de tu cuello. Juntas, estas direcciones producen la abertura del espacio entre el pecho y el cuello.

Si ves que estás empezando a caer hacia atrás cuando aplicas estas direcciones, es que estás preparado para seguir adelante.

Quinto experimento: experimentar el movimiento «hacia delante y arriba» y de «alargamiento»

Si formas parte del club de los que tiran hacia abajo la cabeza (véase Figura 6.12 b), la razón de que te caigas hacia atrás es que tu torso se inclina hacia atrás, y lo hace para contrarrestar el que el cuello caiga hacia delante, pero como ahora tu cuello ya no cae hacia delante, el torso está desalineado y entonces empieza a caer hacia atrás.

El que ocurra esto es bastante útil porque *si no ocurriera*, o bien no tendrías que pensar en esta próxima dirección (poco probable) o estarías adelantándote y tendrías que retroceder para jugar un poco más con la dirección detallada en el cuarto experimento.

Ahora pues, mientras contrarrestas la tensión de la cabeza y del cuello dejando que se liberen *hacia delante y hacia arriba* (los dos elementos de la primera dirección), añade la segunda dirección permitiendo que todo el torso se mueva hacia delante en el espacio, como muestra la Figura 6.4 b.

En este punto, es imprescindible la utilización de los dos espejos (*véase* Figura 6.6). Cuando consigas dar ambas direcciones al mismo tiempo, es decir, reducir la tensión, respirar con más facilidad, y sentir el estiramiento, la ligereza y la facilidad de movimientos, sentirás que estás inclinándote hacia delante o que tu trasero sobresale de la espalda.

La liberación de tu torso hacia delante, mientras sigues dirigiendo tu *cabeza hacia delante y el cuello hacia arriba*, provocará la detención del movimiento de la pelvis hacia delante y el trasero sobresaldrá un poco. Esto incrementará la impresión de que tu trasero sobresale de la espalda y de que estás tirándote hacia delante. En cierta manera, estás en lo cierto: tu postura estará más inclinada hacia delante de lo que habitualmente estás acostumbrado y tus caderas no estarán tan hacia delante como siempre, pero si te miras detenidamente en el espejo, verás que, de hecho, has alargado la espalda y no estás tirándote hacia delante.

Si te inclinas hacia delante es que algo has hecho mal. Retrocede a los experimentos originales y busca cuándo lo has hecho. Alexander tuvo que retroceder estos pasos muchísimas veces.

La situación del pez que se muerde la cola

Dar estas dos direcciones quiere decir que tú ahora estás haciendo malabarismos con varias bolas, pero ¿qué bola es la *primera* cuando estás jugando con tantas a la vez? La respuesta que dio Alexander fue: «todas juntas, una después de otra». En el tema de dar direcciones hablamos de la situación del pez que se muerde la cola; este es un tema que he reservado amablemente hasta ahora. Es algo así: la única manera de permitir que el tórax se relaje hacia delante consiste en dirigir la cabeza hacia delante y alargar la espalda, *pero* la única forma de hacer que tu cabeza vaya hacia delante consiste en alargar la espalda, lo cual se producirá si relajas el torso hacia delante. Es fácil activar la segunda dirección mientras estás activando la primera, pero es difícil realizar cualquiera de las dos, si no se activan las dos al mismo tiempo.

Hasta ahora, lo que tú pensabas que era hacia arriba y hacia delante, probablemente no fuera hacia arriba y hacia delante. De hecho, el movimiento hacia arriba y hacia delante *nunca* lo vas a sentir dos veces de la misma manera si haces estos experimentos correctamente. Mi profesora Marj siempre solía recordarnos: «Nunca vais a sentir lo mismo dos veces. Si memorizas tus sentimientos, nunca cambiarás».

Todas las direcciones funcionan así: cada una de ellas apunta hacia la siguiente, así que el todo es mayor que la suma de sus partes. Se integran cuando ocurren juntas, una detrás de otra. Tú haces que la primera dirección provoque la segunda; después, inmediatamente proyectas la primera y la segunda para que provoquen la tercera, y así sucesivamente. Alexander adoptó la expresión «pensar en la actividad» para describir este proceso. Decía que «cualquiera que lo lleve a cabo fielmente intentando al mismo tiempo conseguir un fin descubrirá que está adquiriendo una nueva experiencia en lo que él denomina «pensar».

Alexander pasó muchos, muchos años experimentando, hasta entender cómo funcionaban juntas estas direcciones, pero tú puedes experimentarlo en pocos minutos con la ayuda de las manos de un profesor experimentado. En estos experimentos, si no vinculas todas las direcciones, no obtendrás el resultado deseado. La buena noticia es que combinando las direcciones puedes generar unas experiencias de liberación de tensión muy poderosas. Las pequeñas liberaciones de tensión que vas a notar al principio se irán incrementando poco a poco hasta que llegues a sentirlas como algo magnífico y mágico.

¿Y a continuación?

Un aspecto del que todavía no he hablado es el de la relación que hay entre los brazos y los hombros –que de hecho son la misma cosa– y tu coordinación. Encontrarás algo de información en el capítulo 5 bajo el título «Tus hombros-brazos».

Los hombros-brazos son fundamentales para conseguir lo que Alexander denominó el «ensanchamiento», pero francamente necesitaría escribir todo un libro para tratar este tema a fondo. Cuantos más elementos combinemos, mayor será la complejidad. ¿Cómo puedo explicar, por ejemplo, que la dificultad más grande que la gente tiene es creer que para liberar la tensión de sus hombros tienen que dejarlos caer, cuando esto es la propia causa de que estén tensos?

Para destensar los hombros, hay que levantarlos, no bajarlos, pero no levantarlos de la forma que normalmente creemos. No se trata de «tirar de ellos hacia atrás» o de «levantarlos» con tensión. La liberación de la tensión de los hombros sólo puede ser entendida dentro del contexto de los diferentes hábitos de mal uso de nuestra cabeza/cuello/torso. Las combinaciones entre lo que hacemos con la cabeza/cuello/torso y lo que hacemos con nuestros hombros y brazos son innumerables. Cada persona es única y, por tanto, es imposible describir con palabras todas las bases.

Hay cuatro direcciones y yo únicamente he intentado analizar las dos primeras. Las cuatro direcciones son: *1) deja que tu cuello esté libre para permitir que la cabeza vaya hacia arriba y hacia delante 2) para dejar que la espalda se alargue 3) y se ensanche 4) para permitir a las rodillas que vayan hacia delante y se separen.*

Además de éstas, puede haber cientos de direcciones secundarias. Como en cualquier otro arte, no hay límites en la capacidad que cada persona puede desarrollar.

Este es un libro introductorio y lo que he escrito, combinado con las clases, es más que suficiente para mantenerte ocupado durante años. Los lectores que consigan trabajar este programa desarrollarán la habilidad de generar ideas frescas y no se detendrán por la falta de información sobre las dos últimas direcciones. El trabajo de Alexander es un viaje, una exploración en un campo totalmente nuevo, y cuanto más investigues, más te animarán los resultados a continuar. Tal como dijo Alexander acertadamente:

> «Hay mucho por ver cuando uno llega al punto de ser capaz de ver, y la experiencia es la carne que lo alimenta».